榮新江 著

學理與學誼

榮新江序跋集

中 華 書 局

图书在版编目(CIP)数据

学理与学谊:荣新江序跋集/荣新江著. —北京:中华书局,
2018.6
　ISBN 978-7-101-13249-6

　Ⅰ.学… 　Ⅱ.荣… 　Ⅲ.中国历史-序跋-汇编 　Ⅳ.K207-53

中国版本图书馆 CIP 数据核字(2018)第 097202 号

书　　名　学理与学谊——荣新江序跋集
著　　者　荣新江
责任编辑　徐　俊　周毅泽
出版发行　中华书局
　　　　　(北京市丰台区太平桥西里 38 号　100073)
　　　　　http://www.zhbc.com.cn
　　　　　E-mail:zhbc@zhbc.com.cn
印　　刷　北京瑞古冠中印刷厂
版　　次　2018 年 6 月北京第 1 版
　　　　　2018 年 6 月北京第 1 次印刷
规　　格　开本/880×1230 毫米　1/32
　　　　　印张 9¼　插页 3　字数 163 千字
印　　数　1-2000 册
国际书号　ISBN 978-7-101-13249-6
定　　价　56.00 元

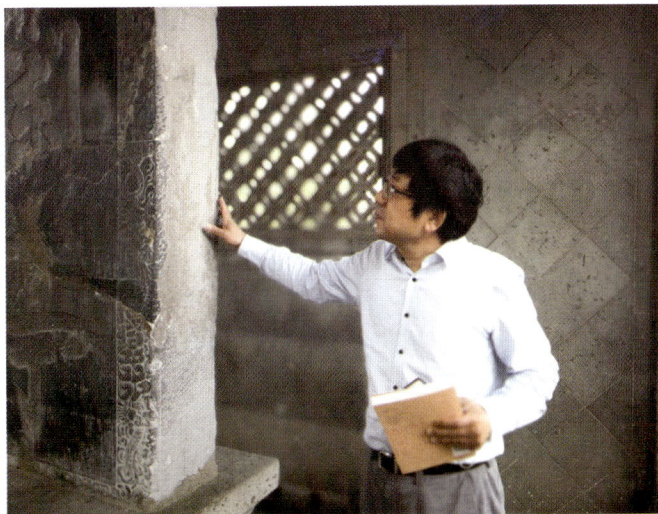

2018年4月于绍兴兰亭

　　荣新江　北京大学历史系暨中国古代史研究中心教授、教育部长江学者特聘教授，兼任国务院学位委员会学科评议组成员、北京大学历史系学术委员会主任、中国唐史学会副会长、中国敦煌吐鲁番学会副会长。主要研究方向为中外关系史、丝绸之路、隋唐史、西域中亚史、敦煌吐鲁番学等。

目录

上 编

上 编

第一卷

唐研究

北京大学出版社

荣新江主编《唐研究》第一卷

《唐研究》弁言

　　唐代是中国历史上的鼎盛时代。它上承汉魏以来的文化传统和社会发展趋势,善于归纳整合前此数百年来的政治制度,又博采外来文化的长处,使唐文化异采纷呈,锦上添花。

　　唐代文化昌盛,给我们留下了丰富的典籍。近代以来,地不爱宝,以长安、洛阳为中心的地域,出土了相当数量的文物材料和石刻资料,敦煌、吐鲁番、和田、库车等地发现的大批典籍写本和原始文书,也主要是属于唐代的。传世文献和出土资料为我们今天研究唐朝历史文化提供了丰富的素材。

　　唐代值得我们倾注心力,深入研究。而创办一个唐研究专刊的想法,得到了热爱唐文化的美国唐研究基金会(The Tang Research Foundation)理事长罗杰伟(Roger E. Covey)先生的支持。在唐研究基金会的资助下,在海内外唐代研究者的积极支持下,在编辑部同仁的共同努力下,《唐研究》第一卷现已摆在读者面前。

《唐研究》年代范围是以唐代为中心,而内容则包含唐代历史的各个方面。在学术研究分工日细的现状下,我们希望藉《唐研究》这块园地,来促进有关唐研究各个学科间的交流。

《唐研究》按国际学术刊物的通例,以论文和书评为主要篇幅,在发表最新研究成果的同时,用书评的形式来评介近年有关唐研究的书刊,以期从学术史的角度总结唐研究的各个方面,并为建立严格的学术规范而努力。

（1995年11月15日完稿,载荣新江主编《唐研究》第一卷,1995年12月由北京大学出版社出版。）

华尔纳《在中国漫长的古道上》中译本序

兰登·华尔纳（Langdon Warner, 1881–1955年）是一个极富争议的人物。在中国人眼里，他因为用化学胶水盗取敦煌莫高窟精美壁画而成为20世纪前半叶来敦煌考察的外国探险家中最臭名昭著的一个；在日本人眼里，他却因为被看作是京都和奈良免遭美军飞机轰炸的功臣而成为日本文化的救星，日本人为之树碑立传。中国的敦煌和日本的奈良，都是古代东方文化的精华所在，为什么华尔纳一方面成为中国文化宝库的毁坏者，而另一方面却成为日本文化宝藏的保护者呢？我不想代读者回答问题，而是把华尔纳自己的陈述和有关华尔纳敦煌考察的前后史实尽可能丰富地提供给读者，让读者获得一个迄今为止最为完整的印象，然后自己去解答这个问题。

华尔纳在中国最出名的事，就是他曾两次率领美国哈佛大学福格艺术博物馆考察队到中国西北地区

西域探险考察大系

新疆人民出版社

在中国漫长的古道上

〔美〕兰登·华尔纳 著

姜洪源 魏宏举 译

〔美〕兰登·华尔纳著《在中国漫长的古道上》

进行考察和发掘。第一次考察于1923年7月至1924年4月间进行，华尔纳用化学胶水揭取了十几方敦煌莫高窟壁画中的精美片段，并贿赂王道士，携走现编号第328窟的唐代半跪式菩萨像一尊。他的考察游记《在中国漫长的古道上》（*The Long Old Road in China*, Garden City, New York: Doubleday, Page & Company, 1926）一书，于1926年在纽约出版。第二次考察于1925年2—6月间进行，主要目的是想用化学胶水粘走现编号第285窟（西魏时代）的全部壁画。但由于华尔纳上一次盗取敦煌壁画的手法极其恶劣，引起地方民众的极大不满，而且中国学术界已经意识到了华尔纳的行径对中国文物的破坏性，北京大学特派陈万里随行监视，燕京大学洪业教授也转请教育部通知甘肃地方官府予以防范，因此考察队在敦煌当地受到地方官绅和民众的阻止和反对，华尔纳的计划完全破产。随后而去的华尔纳本人则为同伴在肃州截住，根本没有到达敦煌。考察队把目标转向安西榆林窟，在地方官府和百姓的严密监视下，仅仅工作一周而结束。华尔纳这一次的考察成果为《万佛峡：一个9世纪佛教壁画洞窟的研究》（*Buddhist Wall-Paintings: A Study of a Ninth-Century Grotto at Wan Fo Hsia*, Cambridge, Massachusetts: Harvard University Press, 1938）一书，迟至1938年才出版。这本小书，从分量上来说，实际只能算是一篇长文章，而不是他第二次敦煌考察的全面记录。

幸运的是跟随第二次福格艺术博物馆中国考察队旅行的北京大学陈万里先生,把自己的日记很快整理成书,题为《西行日记》,作为北京大学研究所国学门实地调查报告,于1926年由北京朴社出版,为我们提供了考察队活动的全面记录。

20年代的敦煌,除了华尔纳的两次考察,除了华尔纳的两本书和陈万里的著作,我们知之甚少。这三本书可以说是敦煌学史上的知名著作,向来为研究敦煌学的学者所重视。但华尔纳的书不像斯坦因、伯希和的敦煌游记那样早已译成中文发表,因此中国学者和普通读者实际上并不了解华尔纳及其考察队的全貌,也很少利用华尔纳的这两本书。

多年来,我一直想把华尔纳的两本书译介给中国读者,但苦于课业繁忙,没有时间亲自动手。1994年,我应邀参加甘肃省档案馆举办的敦煌学会议,与该馆副馆长姜洪源先生同车从兰州赴敦煌。虽然他是学理工科的,但却对历史充满兴趣,尤其谙熟于甘肃地方史。随即建议他翻译华尔纳的书,他欣然接受。因为工作紧张,他又邀约同事魏宏举先生参加翻译工作。华尔纳的游记写得十分散漫,20年代的文字,今天读起来也有些别扭;而他的论文又充满了专有名词,对于他们两位非专业的译者来说,是要克服许多困难才能明白原意的。经过不懈的努力,他们终于把这两本并不容易读的书翻译出来。

考虑到陈万里先生的《西行日记》构成了华尔纳第二次敦煌考察记录的重要组成部分,我也请姜洪源先生从原书过录下来,作为附录一并发表,以便读者相互参考。

为了让读者更全面地了解华尔纳本人,我约请兰州大学王冀青先生为本书写篇序言,介绍一下华尔纳的整个生平,因为他是我所知目前国内研究西北探查史的最佳学者,所收集的资料无有出其右者。谁知他一动笔,就不可收拾,《华尔纳与中国文物》一文写完以后,竟有八万余字。他谦虚地把序言再推给我,而把他的文章作为解说,附录书后。

王冀青先生的文章,几乎集合了所有已经发表的材料,加上他多年来在英国所收集的未刊书信、档案,对华尔纳其人其事,做了极为详尽的描述。这不仅可以使读者了解华尔纳《在中国漫长的古道上》、《万佛峡:一个9世纪佛教壁画洞窟的研究》、陈万里《西行日记》三部书产生的背景,而且还可以使读者从华尔纳自身的性格、言行,中国现代学术界和民众的民族意识、反帝情绪,以及敦煌当地官绅的态度等多层面、多角度地审视华尔纳及其在敦煌的所作所为。王冀青先生在细致的描述之后,对华尔纳的评价问题提出了自己中肯的看法,也提示读者在阅读华尔纳著作时应当注意的问题。

我对华尔纳及其考察队素无研究,但以能够先读到王冀青先生这样一篇大作而觉得充实了许多。他的文章因为太长而无法作为序言,但我建议读者在读了当事人的原始记录以后,还应当沉下心来仔细读一遍王冀青先生的大作,他的文章虽然不是序,但已经把序言要说的话都讲给了读者,我这里只不过是交待一下成书经过而已。

　　由于我只能利用业余时间来做些编辑上的工作,所以把他们几位的稿子一拖再拖,心里十分过意不去。现在总算把书稿辑成,相信这本书集合了已知的有关华尔纳敦煌考察的主要文献和研究成果,对一般读者和敦煌学研究者都是十分有用的。

　　(2000年1月18日完稿于北京大学六院。兰登·华尔纳著,姜洪源、魏宏举译《在中国漫长的古道上》,2001年7月由新疆人民出版社出版。)

中国美编《国家图书馆藏敦煌遗书研究论著目录索引》序

国家图书馆（原北京图书馆）藏敦煌文献，仅以三十年代陈援庵先生《敦煌劫余录》所著录的八千余件，即足以与英、法、俄国所藏相牟，而成为敦煌学的四大支柱之一，加之《续编》的1192号，重新发现的三千残片，以及解放后入藏的近两千件，以同样宽窄的纸本长度计，国图号称居四大馆藏之首。然而，国图所藏的主体，毕竟是斯坦因、伯希和劫余之物，长卷写经未必有多少学术价值。这样的收藏状况，使得一些珍贵的学术研究资料，因为篇幅不长，而被淹没于故纸堆里。幸赖学者们近一个世纪以来的努力，使得国图藏卷中有价值的材料，陆续得到整理和研究，有些文书，甚至成为学者们反复探讨的对象。

国图藏卷，最初是按佛藏的编号方法，用《千字文》编号，而且对敦煌藏经洞所存经卷估计过高，所以

1900—2001

國家圖書館藏

敦煌遺書研究論著

目録　索引

中國美編

北京圖書館出版社

中国美编《国家图书馆藏敦煌遗书研究论著目录索引》

每个《千字文》号下，又用一百个数字。这种方法实在不够科学，所以五十年代拍摄缩微胶卷时，又给每个卷子以阿拉伯数字的顺序号。解放后收集的卷子，则用"新"字号，还有"简"、"临"等号码。这样，不同时代的研究论著，使用的也是不同时代的编号，很容易使人把一件文书误成两件。

因此，数量庞大和多种编号，是我们使用国图所藏敦煌卷子时的绊脚石。特别是我们要了解一个卷子的正背面文献在不同时代发表的相关研究论著时，常常不知所措。

现在，申国美女史编成《国家图书馆藏敦煌遗书研究论著目录索引》，把每个卷子的研究文献，一一罗列在该号目录下面，极大地方便了敦煌学研究者，其意义是不言而喻的。

我们知道，敦煌卷子的正背面内容，往往没有关系，比如一面是佛经，一面是户籍，但它们之间有抄写先后的关系。所以，研究者一般都要了解一个写卷上所有内容的相关研究成果，而临时查找另一学术领域的研究成果，谈何容易。与此同时，敦煌文献的研究，分散在全世界的各种书刊当中，即便是本专业范围的文书，也并不是很容易地就可以知道有谁做过研究，可是如果不了解前人研究成果，一来所做可能是重复劳动，二来有抄袭之嫌。因此，在利用敦煌文献之前，一个艰巨的工作是做卡片，以便了解哪个文献有谁做过研究。这对于许多经过"文革"而缺乏图书资料的研究者来说,诚非易事。我从进入敦煌学门槛以后,花费时间最多的是抄卡片,每当见到一本敦煌学的书刊,往往是一边翻阅,一边把何处研究哪一号写本抄在卡片上,日积月累,有十余盒之多。到了后来,这些卡片在研究中起到了极大的作用。这种方法也不是我的独创,东洋文库的油印本目录和法国出版的敦煌写本目录,都在每个号码下著录研究文献,但前者过于陈旧,后者收录不全,所以要做此项研究,只有自己动手做卡片。

1994年我们一起去敦煌开会的路上,当听到申国美女史说她要做北图藏敦煌卷子研究索引时,倍感高兴,因为她在北图敦煌吐鲁番学资料研究中心工作,那里是中国敦煌吐鲁番研究文献最集中的收藏地;她编辑出版过若干敦煌文献分类合集,对敦煌文献的内容相当熟悉;她工作踏实细心,有专业图书馆员的素质;以此条件,完全胜任这一艰巨的工作。回京后,我把自己积累的卡片送给她,而且把北图研究文献的积累工作全部寄托于她。现在,我们终于即将看到申国美女史的工作成果,也不禁为她的努力成果得以出版而高兴,故不揣浅陋,聊缀数语于上。是为序。

（2001年8月28日完稿。本书2001年9月由北京图书馆出版社出版。）

《北京大学盛唐研究丛书》总序

　　盛唐,是中国历史上空前繁荣昌盛、辉煌壮丽的时代。盛唐为何兴盛? 盛唐的兴盛局面表现在哪些方面? 盛唐时期的社会、经济、文化、对外交往、人民生活等方面的情况如何? 盛唐的辉煌对后世有何深远的影响? 等等,这一系列问题都有待于进一步深入探讨。

　　北京大学在唐代的研究方面曾经取得过卓越的成就,如向达、汪篯、邓广铭、周一良、王永兴、张广达、吴宗国等先生,都做出了富有开拓意义的贡献,目前也有一批中青年学者从历史学、历史地理学、考古学、社会学等角度从事唐代的政治、法律、地理、经济、文学、艺术、思想、宗教等方面的研究。在北京大学"创建世界一流大学计划"和教育部人文社会科学重点研究基地基金的支持下,以北京大学中国古代史研究中心这一教育部人文社会科学重点研究基地为依托,我们邀

荣新江主编

宗教信仰与社会

唐代

TANGDAI ZONGJIAO XINYANG YU SHEHUI

北京大学　BEIJING DAXUE
盛唐研究　SHENGTANG
丛书　YANJIU
　　　CONGSHU

上海辞书出版社

荣新江主编《唐代宗教信仰与社会》，《北京大学盛唐研究丛书》之一

请了一批校内外、海内外在唐代研究领域颇有成就的学者，共同来参与实施"盛唐研究计划"，共同探讨这一伟大的时代，把这个时代的真实面貌展现给世人，把这个时代的政治、经济、社会、思想文化、民族、对外关系等方面的研究进一步深化，并希望在取得学术研究进展的同时，也通过对盛唐经验教训的总结，给我们今天提供一些教益和启迪。

现在，经过三年的不懈努力，"盛唐研究计划"的第一批成果，即吴宗国教授主编的《盛唐政治制度研究》李孝聪教授主编的《唐代地域结构与运作空间》、王小甫教授主编的《盛唐时代与东北亚政局》、邓小南教授主编的《唐宋女性与社会》（上、下册）、荣新江教授主编的《唐代宗教信仰与社会》，共计五种六册，作为《北京大学盛唐研究丛书》第一辑，将由上海辞书出版社隆重推出。

这一批集体研究成果，从政治制度之整合、国际关系之协调、国家运作之效率、社会风貌之丰富多彩等方面，进行了比较全面的探讨，并对盛唐缘何而盛给予了有力的说明，在一些国内研究比较薄弱的领域，如女性与社会、宗教信仰与社会、地域与空间等方面，也做出了一些综合性的研究和总结。

我们希望以此为肇端，把《北京大学盛唐研究丛书》继续编纂出版下去。

这项研究计划从启动到第一批研究成果出版，得到了多方面的支持和帮助,在此,我谨代表本《丛书》的各位主编,向提供大作的各位学者表示感谢,没有他们的积极参与和学术贡献,也就没有这项集体研究成果的集中展现;我们也特别要感谢北京大学领导以及中国古代史研究中心和历史学系的领导从道义到资金上的指导和大力支持,没有他们对这项研究计划的关怀和支持,我们也无法完成这项事业;我们还要感谢随叫随到的北京大学历史学系中国古代史方向的研究生们,他们在学术上和事务上所提供的无偿劳动,不仅使我们举办的国际学术会议深受国内外学者称道,而且使我们的《丛书》编辑工作的质量得到切实的保证;最后,我们向我国最大的工具书出版基地——上海辞书出版社的李伟国社长和历史地理编辑室的许仲毅、余岚、张敏、王圣良、解永健等各位责任编辑表示衷心的感谢,他们不计成本,以推动学术研究、弘扬中华文化为己任,是他们,最后以辛勤的劳动,把这套《丛书》奉献给了读者。

(2003年2月14日完稿于北大朗润园。本丛书2003年8月由上海辞书出版社出版。)

孟宪实《汉唐文化与高昌历史》序

　　自19世纪末叶以来,吐鲁番盆地的城址、石窟寺院、古墓出土了大量古代文献和考古文物材料。于是,吐鲁番历史与文化的研究和敦煌学一道,成为20世纪的显学。

　　与敦煌藏经洞出土文献相比,吐鲁番出土的写本和刻本资料,语言种类更加复杂,年代跨度也更长,其中尤以宗教文献居多,特别是佛教、摩尼教、景教文献。东西方学者各逞其能,通过对大量宗教文献资料的解读和研究,为吐鲁番的古代文明描绘出了多姿多彩的画面。

　　相对而言,我们过去对于这样丰富多彩的文化景观的历史背景却不甚了然,因为反映世俗社会政治事件、日常生活、经济状况的文书材料不多。直到80年代中叶以后,唐长孺先生领导的吐鲁番文书整理小组编纂的《吐鲁番出土文书》,公布了大量的属于高昌

国家"十五"211工程重点项目

中国人民大学汉唐研究丛书

汉唐文化与高昌历史

孟宪实 著

齐鲁书社

孟宪实著《汉唐文化与高昌历史》

郡、高昌国和唐西州时期的历史文书，才大大推动了吐鲁番各个历史时期研究的进步。在这一大批首次系统公布的文书资料中，有关麴氏高昌国史的文书材料数量相当可观，远非德国、日本、英国所藏吐鲁番文书可比。同时，新材料也带来新问题，许多过去没有见过的文字、制度、习俗、观念都需要解释，由此引起学术界一个研究高昌国史的小高潮。

孟君宪实是80年代成长起来的新一代学人，当他开始研究吐鲁番文书时，即把敏锐的目光，集中在高昌国史的资料上。孟君毕业于南开大学，后在新疆师范大学从事教学工作；以后又到北京大学深造，受过系统科班的历史学训练。这样的学术经历，对于吐鲁番历史的研究是不无帮助的。作者既体察边疆地区之民情，抱有同情之了解，又摆脱地方主义之情绪，秉持学术之正路。我们阅读这本专著，不难看出其书是在了解中原相关制度、文化的前提下，以高昌为立足点，来研究高昌的历史，因此对于高昌国制度、文化特性的把握，就比较中肯，并不因为新材料而张大其词。

孟君此书，是在多年来陆续发表的论文基础上重编而成的，章章节节，对高昌国史多有贡献。吐鲁番文书和敦煌文书一样，大多数都是零碎的历史片段记载，孟君治学，并不为残篇断简所累，能够从小处着手，而揭示高昌历史上的大问题。

目前学术无序，印刷发达，不少有价值的文章往往被淹没在学术刊物的汪洋大海之中。孟君论文的结集出版，则可以作为吐鲁番研究之硕果而耸立学林。我与孟君于吐鲁番文书有同好，时常一起讨论，既有切磋，亦有争论。今乐闻其书杀青待刊，虽然论年齿不当由我作序，但辛未以来，十有余载，彼此相知，因叙其治高昌史缘由及成绩如上，是为序。

（2004年2月8日完稿。本书2004年6月由齐鲁书社出版。）

蒙曼《唐代前期北衙禁军制度研究》序

　　唐代制度史之研究,必与政治史相结合,既需要关注政治事件对制度的影响,也要留心制度建置对政治进程的制约,此道理虽然人人尽知,但是要找到一个制度与政治史可以结合起来的点,而又能够把两者结合起来,却并不容易。有关唐代禁军制度,有《六典》《通典》《会要》等书的记载,于前期制度,约略可寻,而后期则不够明晰。唐代禁军在政治史上扮演着重要的角色,不过宫廷政治,多系宫闱秘闻,非外廷所能知悉;且其事实往往遭胜利者之篡改,所余史料有些并非信史;有关唐代禁军参与宫廷政治记录,详于后期而略于前期。最近若干年来,西安周边出土的唐代墓志陆续发表,其中不少志主即唐朝前期禁军将领,为我们提供了大量有关禁军的宝贵材料,为制度史和政治史的研究架起一道津梁。

　　1999年秋季开始,我在给研究生开的隋唐史课程

中央民族大学国家"十五""211工程"建设项目

TANGDAI QIANQI BEIYA
JINJUN ZHIDU YANJIU

蒙曼 著

唐代前期
北衙禁军制度研究

中央民族大学出版社

蒙曼著《唐代前期北衙禁军制度研究》

中主要讲授唐代石刻史料。恰好蒙曼来北大攻读博士学位，从我治隋唐史，因而鼓励她注意墓志史料。她好学深思，很快注意到墓志中大量的禁军史料价值，而确定以唐代前期禁军制度为主要研究对象。我对这一选题极表赞同，因为制度史和政治史为北大历史系最为注重的研究课题，我自己专注十余年所做的归义军史研究，实际也是以政治史和制度史为纲，附以民族、文化等方面的内容而展开论述的。归义军乃唐朝一偏远方镇，岂可与唐朝宫廷政治与禁军历史相提并论，若在 80 年代初有如此丰富的西安出土墓志，恐怕我也可能早就转而治"长安学"，而非"敦煌学"了。

从选题到博士论文，从博士论文到这本专著，我觉得蒙曼的这部作品是成功的，虽然其中具体的优劣可由读者品评，但其研究政治史的方法是值得称道的。

如今，随着古籍文献的数字化，传统的制度史研究面临着挑战，我以为用旧的方法做复原式的研究，虽仍然是史学研究的必不可少的内容，但已经不太"好玩"了，我们过去耗费不知多少精力辑录的职官、衙署名称，现在可以在几分钟内解决。因此，利用相关的理论和研究方法，对于史料进行透彻的分析，把制度史和其他相关的历史问题结合起来进行研究，必然成为今后制度史研究的方向。蒙曼的这部著作，注意从纷纭的史料中解析体制问题，可以说是在这方面迈出的第一步，希望今后能够在方法论上努力精进，并且推广到其他研究领域。

　　蒙曼作为我指导的第一个博士,很高兴她的书稿即将出版。教学相长,我写给她书稿的这些话,其实也是对我自己的隋唐长安研究的自我鞭策。因不揣浅陋,略述本书学术因缘如上,是为序。

　　(2005年4月23日完稿。本书2005年8月由中央民族大学出版社出版。)

《粟特人在中国——历史、考古、语言的新探索》前言[1]

　　"粟特人在中国"是一个随着近代学术产生而出现、并且不断获得新生命力的研究主题。我们知道，由于中亚的伊斯兰化和自然环境的变迁，粟特本土及其周边中亚地区的古代粟特人活动的遗迹早已荡然无存，我们只能从阿拉伯文和汉文史料中，看到一些粟特人活动的踪影。基于中亚、中国各地的考古学成果，粟特研究，特别是粟特人进入中国的研究，随着19世纪末叶以来近代学术的进步，不断向前推进，近年来更是获得了强劲的发展。

　　虽然中国传统的汉文文献中有不少关于粟特人在中国的记载，但这个问题作为一个研究主题，应当是缘于20世纪初叶敦煌文书的发现，伯希和(P. Pelliot)根据敦煌写本《沙州都督府图经》，研究了唐

----

〔1〕本文是在会议的总结发言基础上改写的。

《法国汉学》丛书编辑委员会 编

粟特人在中国

——历史、考古、语言的新探索

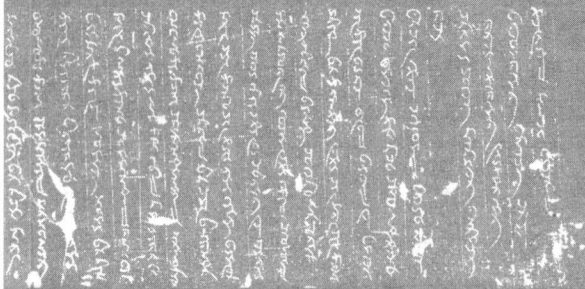

法国汉学 第十辑　　　　　中华书局

《粟特人在中国——历史、考古、语言的新探索》

代蒲昌海地区的粟特聚落[1]，从而开拓了这一领域的研究。然而敦煌文献的发表有个很长的过程，因此，此后很长时间，学者们主要是根据传统的汉文文献材料来展开关于粟特人在中国的研究，如桑原骘藏关于隋唐时期来华西域人[2]、向达关于唐代长安的西域人与西域文明[3]、蒲立本(E. G. Pulleyblank)关于六胡州的粟特人的研究[4]，即为这方面的突出成就。但汉文文献材料也使得这种研究受到材料本身的限制，因此关注问题主要集中于一些粟特人的活动和一些特定的粟特聚落。六七十年代以来，随着敦煌吐鲁番文书的大量公布，使得对粟特人在北朝隋唐时期的敦煌和吐鲁番的生活状况进行比较细致的观察成为可能，这就是池田温的《8世纪中叶敦煌的粟特人聚落》对敦煌从化乡粟特聚落的

〔1〕P. Pelliot, "Le *Cha tcheou tou tou fou t'ou king* et la colonie sogdienne de la région du Lob nor", *Journal Asiatique*, 11, série 7, 1916, pp. 111–123; 冯承钧汉译载《西域南海史地考证译丛七编》，北京：商务印书馆，1957年，页25–29。

〔2〕桑原骘藏《隋唐时代に支那に来住した西域人に就いて》，《内藤博士还历祝贺支那学论丛》，京都：弘文堂，1926年；收入《桑原骘藏全集》第2卷，东京：岩波书店，1968年，页270–360。

〔3〕向达《唐代长安与西域文明》，《燕京学报》专号2，1930年；收入《唐代长安与西域文明》，北京：三联书店，1957年，页1–116。

〔4〕E. G. Pulleyblank, "A Sogdian Colony in Inner Mongolia", *T'oung Pao*, 41, 1952, pp. 317–356.

研究[1],以及姜伯勤在《敦煌吐鲁番文书与丝绸之路》一书中有关高昌、西州时期粟特人的研究[2]。当然敦煌吐鲁番的汉文文书也是有一定局限性的,它们所记载的粟特人基本上是已经变成高昌王国或唐朝西州、沙州地方官府直接管理的粟特人,而非纯粹聚落时代的粟特人,用现在通用的说法,即他们是已经开始汉化的粟特人,而非我们现在从一些墓葬里看到的相对纯正的粟特人。敦煌吐鲁番文书中还有各种各样语言的文书,包括粟特人用自己的语言所写的粟特语文献,但已经可以译出的粟特语文献大多数是宗教文献,很少涉及粟特人的世俗活动,因此,最方便利用、且最早被利用起来的当然是敦煌吐鲁番的汉文文书。到目前为止,已经出土的或者说已知的敦煌吐鲁番文献几乎都已经出版,因此,我们可以做一些总结性的工作了。

最近二十年来,比较集中出版的另一类汉文材料也是非常重要的,它们就是入华粟特人的墓志或者是有关粟特人的碑刻、题记等石刻材料。这些材料虽然有些早已面世,但未能集中出版,所以在很长时间内,我们虽然在利用这些材料,但利用得还不够充分。墓碑

---

[1]池田温《8世纪中叶における敦煌のソグド人聚落》,《ユーラシア文化研究》第1号,1965年,页49-92;辛德勇汉译载刘俊文主编《日本学者研究中国史论著选译》第9卷,北京:中华书局,1993年,页140-220。

[2]姜伯勤《敦煌吐鲁番文书与丝绸之路》,北京:文物出版社,1994年。

和墓志都详细记录了来华粟特人的姓名、世系、来历、婚姻、事迹以及去世地点等信息,使得我们比较容易判断他们的族属和婚姻关系,而且近年发表的墓志比较多地出土于长安附近地区和洛阳之外的广阔地域(如山西、河北),使我们不再仅仅局限于"千唐志斋"系统的墓志所反映的洛阳地区的粟特人了。这方面的研究成果很多,即使只列举最主要的,也无法做到全面反映[1]。

要判定进入中国、或者说进入到中原地区的粟特人属性,我们需要利用在中亚或是在粟特本土发现的考古文物材料,比如像瓮棺、壁画、金银器皿和穆格山文书等,还有丝绸之路沿线所出土的粟特语文献,但是这些材料和文献,与中国已有的传统文献和敦煌吐鲁番文书,在很长时间里没有结合到一起来讨论。当

[1] 张广达《唐代六胡州等地的昭武九姓》,《北京大学学报》1986年第2期,页71-82转128;卢兆荫《何文哲墓志考释——兼谈隋唐时期在中国的中亚何国人》,《考古》1986年第9期,页841-848;李健超《汉唐时期长安、洛阳的西域人》,《西北历史研究》1988年号,页41-83;李鸿宾《史道德族属及中国境内的昭武九姓》,《中央民族学院学报》1992年第3期,页54-58;罗丰《固原南郊隋唐中亚史氏墓志考释》(上、下),《大陆杂志》第90卷第5、6期,1995年,页13-33、页17-38;吴玉贵《凉州粟特胡人安氏家族研究》,《唐研究》第3卷,1997年,页295-338;荣新江《北朝隋唐粟特人之迁徙及其聚落》,《国学研究》第6卷,1999年,页27-85;森部丰《后晋安万金·何氏夫妻墓志铭および何君政墓志铭》,《内陆アジア言语の研究》XVI,2001年,页1-69。

然,粟特人在中国留下的他们自己的语言资料对于我们认识粟特人在中国的生活是非常重要的,比如说像粟特文古信札或者是史君墓的双语铭文,以及吐鲁番新出的粟特文摩尼教徒信札,这些材料对于我们理解在中国的粟特人都是最直接的材料。然而,由于语言解读上的艰难,这些材料很多也是在最近十年才刚刚准确地被翻译出来,像敦煌粟特古信札第二号也就是在2001年才由Sims-Williams教授提供了一个完整的英文翻译[1];吐鲁番粟特文摩尼教徒信札也是在出土后二十年才由吉田丰教授发表了译文[2]。对于中国学者来讲,过去我们对粟特本土的考古资料不是很熟悉,所以对于判定一些中国的考古资料的粟特属性有一定的困难。因此,在考古、语言等方面,东西方学者虽然各自有各自的贡献,但由于政治的或是语言方面的障碍,双方未能进行太多的交流。近年来,这一局面已经迅速改观。

从1999年开始,以虞弘墓的发现为肇始,随之而来的是安伽墓、史君墓、康业墓,这一系列重大发现,

〔1〕N. Sims-Williams, "The Sogdian Ancient Letter II", M. G. Schmidt and W. Bisang, eds., *Philologica et Linguistica: Historia, Pluralitas, Universitas. Festschrift für Helmut Humbach zum 80. Geburtstag am 4. Dezember 2001*, Trier, Wissenschaftlicher Verlag, 2001, pp. 267−280.

〔2〕吉田丰《粟特文考释》,载柳洪亮编《吐鲁番新出摩尼教文献研究》,北京:文物出版社,2000年,页3−199。

对于我们这些对粟特感兴趣的学者而言,真的可以说是赶上了一个很好的时代。由于这些粟特人墓葬都经过科学的考古发掘,因而使得我们可以重新判定原本在天水、青州、安阳出土以及流散在外的Miho美术馆所藏同类考古材料的粟特属性。在此,我们应当感谢山西、陕西等地的考古学家给我们提供的非常丰富的材料以及他们具有开拓性的研究成果。

这些在中国发现的粟特人墓葬,吸引了全世界从事粟特考古、历史、语言、宗教等领域研究的学者,大大促进了国际间的学术交流。以下列举一些比较重要的学术活动,由此即可管窥一斑。2000年7月,在美国芝加哥大学巫鸿(Wu Hung)教授的主持下,北京大学考古系主办了"汉唐之间:文化的互动与交融学术研讨会",与会者就新发现的虞弘墓进行了热烈的讨论[1]。2001年初香港出版的英文刊物《中国考古艺术摘要》(*China Archaeology and Art Digest*)第4卷第1期(标作2000年12月出版),作为"中国祆教研究专号",把一组中国学者的论文翻译成英文发表,使得西方学者对于主要用汉文写作的中国学者的部分研究状况有了比较清楚的了解。同年5月,北京大学联合"唐研究基金会"邀请多年主持粟特地区考古发掘的俄罗

---

[1]会议论文已结集出版:巫鸿主编《汉唐之间文化艺术的互动与交融》,北京:文物出版社,2001年。

斯学者马尔沙克（B. I. Marshak）教授来北大讲演，他对粟特石棺图像的见解，后来以《六世纪下半叶中国艺术中的粟特主题》为名发表[1]。2002年4月21日，耶鲁大学韩森（Valerie Hansen）教授主办了"中国新发现的粟特墓葬研讨会"（Workshop on the Sogdian tombs in China），以考古、历史和艺术史研究者为主，讨论了新发现的粟特图像。同年11月中旬，我们又邀请近年一直在粟特地区从事考古工作的法国学者葛乐耐（Frantz Grenet）教授前来北京大学，报告他与乌兹别克学者在粟特本土的最新发现[2]，并且和中国学者进行了深入的交流。与此同时，北京大学中国古代史研究中心举办"古代中外关系史：新史料的调查、整理与研究国际学术研讨会"，与会者也提交了一些与粟特相关的论文[3]。随后，日本Miho美术馆又举办了"中国的中亚人：丝绸之路东部的考古发现学术研讨会"（Symposium "Central Asians in

---

[1] B. I. Marshak, "La thématique sogdienne dans l'art de la Chine de la seconde moitié du VIe siècle", *Académie des Inscriptions & Belles-Lettres, Comptes rendus des séances de l'année 2001*(janvier-mars), Paris, 2001, pp. 228-264.

[2] 他的讲演稿以《法国—乌兹别克考古队在古代撒马尔干遗址阿弗拉西阿卜发掘的主要成果》为题，发表在《法国汉学》第8辑，北京：中华书局，2003年，页510-531。

[3] 这些论文已收入荣新江、李孝聪编《中外关系史：新史料与新问题》，北京：科学出版社，2004年1月。

34　　学理与学谊——荣新江序跋集

China - Discoveries in the East of the Silk Road"），讨论的中心问题也是粟特人[1]。这些学术活动大大推动了东西方对于"粟特人在中国"这一主题的研究进步。

如此一来，东西方学者有了一些共同的话题，我们可以在一起讨论祆教的艺术，我们可以一起从各种角度去关心粟特的商人、粟特商队的首领，关心那些武士和伎乐。今天，东西方学者能够坐在一起，如此密切地讨论问题，如此坦诚地交换意见，既是因为我们身处一个能够拥有非常丰富资料的好时代，更是国际间学术交流合作日臻成熟的真实反映。

根据两年前与童丕（Éric Trombert）、魏义天（Étienne de la Vaissière）先生讨论的结果，我们希望本次研讨会的重点更多的是放在社会、文书、墓志等方面的主题上，也就是着重在历史层面的讨论，因为我们知道，此前在北京，在耶鲁，在Miho，讨论的重点都集中在粟特美术和考古上。我们高兴地看到，与会者提交了内容丰富的研究成果。不过，因为在筹办会议的过程中又发现了史君墓，所以大家还是不可避免、兴致勃勃地继续探讨了粟特美术考古的话题。

现在，这次会议的成果即将以论文集的方式完整地展示在读者面前，对此魏义天先生在《结语》中已做

---

〔1〕马尔沙克夫妇和笔者的主题报告及相关的讨论，已发表在《MIHO MUSEUM研究纪要》第4号，滋贺：财团法人秀明文化财团，2004年3月。

了很好的总结,毋庸我再多言。在此,我想说的是,我们要承认,不论是传统的文献材料,还是陆续发现的文书资料、最新的考古文物,都有各自材料本身的局限性。所以,我们应该注意在我们取得辉煌成果的同时,必须清楚我们自己的局限,注意自己的方法,尽量多地把各种各样的信息放到一起来研究。

当然,本次会议不可能全部展示粟特人在中国的方方面面。我们本来准备邀请参加、但由于其他原因未能到会的张广达、马尔沙克、池田温、宗德曼(W. Sundermann)等先生,以及在座的发言或没有发言的先生,如耿世民、梅维恒(Victor H. Mair)、杨泓、徐文堪、乐仲迪(Judith Lerner)、邢福来、张乃翥、罗丰、郑岩、赵丰等一系列非常优秀的学者,他们在许多方面实际上对粟特的研究都有过贡献,但由于时间关系,讨论虽然非常紧张热烈,但还是无法把他们的意见心得汇集到本次会议的论文集里来,对此,我略感遗憾。

就中国新发现的考古材料来说,我们很遗憾,这次没有文章讨论汉简里的相关信息,也没有文章涉及粟特佛教的内容以及青海都兰的发现。因此,实际上还有很多层面未能在这次讨论会上加以探讨,我们期待将来能有机会进行深入的研究。

即便是本次会议所强调的社会史视角,仍有许多问题值得深入,比如说商队的构成、贸易的实态,也就是说粟特商人的贸易网络是如何运作的。还有一些问题我们虽然讨论到了，但还有可以深入的余地，如粟特聚落内外的婚姻问题。还有一些由此延伸开来的问题，比如说入居城市的粟特人的居住形态、从性别的角度看粟特女性等等。总之，还有很多的课题亟待我们去努力研究。

（2005年7月20日完稿。荣新江、华澜、张志清主编《粟特人在中国——历史、考古、语言的新探索》，2005年12月由北京中华书局出版。）

神道人心
唐宋之際敦煌民生宗教社會史研究

余欣 著

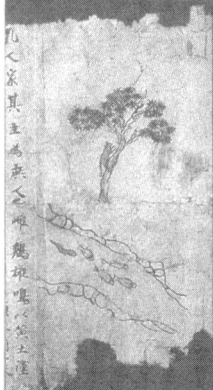

中華書局

余欣著《神道人心——唐宋之際敦煌民生宗教社会史研究》

余欣《神道人心——唐宋之际敦煌民生宗教社会史研究》序

最近二十年来,中国史学界正经历着重大的转折,一方面是史料的迅速数字化,使得资料的收集和整理变得容易起来;另一方面是相关社会科学理论和方法的借鉴,使得中国历史研究的课题更加广泛。敦煌文献的整理与研究,虽然属于比较传统的研究领域,但也经历着同样的过程,也受到"新史学"的冲击。

记得二十多年前我开始从事敦煌归义军史的研究时,由于许多材料没有公布,所以在十多年的研究过程中,把大量精力花费在收集、抄录散在世界各地的敦煌文书上了。而最近十年来,这些收藏在伦敦、巴黎、圣彼得堡等地的数量庞大的敦煌文献,已经全都刊布出来,而且出版了各种文献的分类校录本,几乎可以说,具有学术价值的敦煌文书基本上都有了整理文本。面对这样一个新的局面,我近年来利用各种机会,呼吁敦煌学的研究要"从文献到历史",虽然我本人因为教学工作和兴趣转移而把研究重点放到中西关系史方面,但我希望年轻学者能够根据丰富的敦煌文献,结合某些社会科学的理论,来阐释有关的政治、宗教、性别、医疗等等方面的中古史,以此来说明历史演变的情景。我相信,这种历史研究的结果,和过去仅仅从传统的正史、典志所得到的中古历史景象,应当是不完全一样的,因为敦煌文献有传统史料所缺的地方文献,特别是那些实际生活中所使用过的文书,可以反映中古社会历史的某些真实面貌。

2000年,余欣自浙江大学来北大,从我治敦煌学,即以敦煌地方的宗教社会史为研究主题。他仔细清理了宗教史、社会史研究的各种理论,提出"民生宗教"的概念,并按照"民生宗教"所指的范围,几乎穷尽了有关唐宋之际敦煌地区诸种信仰的敦煌文献,并上溯战国秦汉,在厘清渊源的基础上,对敦煌民众的宗教信仰和社会生活实际,做了详尽的叙述和分析,完成了一篇十分充实的博士论文。

余欣笃志于学,心无旁骛。2003年到复旦任教后,仍继续修订补充他的博士论文。近年来,他有机会走访牛津、伦敦、巴黎、莱顿、柏林、京都、台北等学术中心,于欧美、日本、台湾的学术研究成果,多有吸纳,使原本的理论思考更加丰富,文献资料更加精细。最近,余欣拿来他的这部以博士论文为基础修订而成的书稿,征序于我。我读了以后,为他的学术进步而感到高兴,略缀数语,聊作序言。

敦煌"民生宗教"的研究课题,按照作者的思考,还远远没有做完,希望余欣能再接再厉,在不久的将来,完成更加精彩的续篇。

（2005年12月4日完稿。本书2006年3月由北京中华书局出版。）

BASTIONS OF CIVILIZATION
a History and Exploration of Ancient Book Conservation

文明的守望

古籍保护的历史与探索

国家图书馆 —— 编

北京图书馆出版社

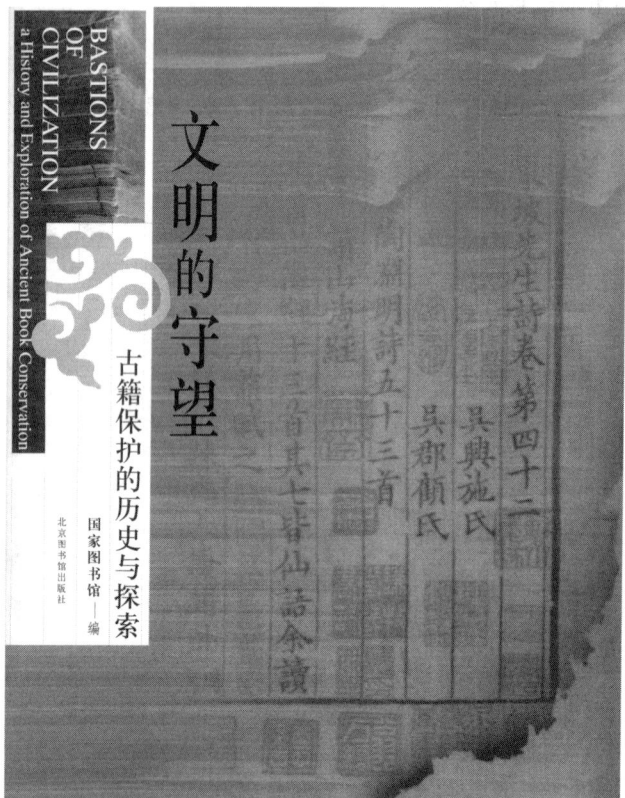

《文明的守望——古籍保护的历史与探索》

中华古籍特藏保护展览随想

　　造纸和印刷,这两个现代书籍所必备的技术,都是由中国人首先发明的,这在世界文明史上可以说是一个奇迹,是中国对世界文明的巨大贡献。这两项技术虽然可以找出许多技术方面的原因或者渊源,其实在我看来,纸的发明,最为重要的是中国商周以来发达的"书写"需求;而印刷术的发明,则和中国古代官府和文人对书籍的"收藏"和"阅读"的需求有着直接的关系。我们且不论从商周的甲骨到秦汉的简帛,只就留存下来的六朝唐宋的敦煌写本和宋元明的刻本古书来说,其数量恐怕都是世界上任何一个国家所无法比拟的。这些无疑是我们能够在世界人民面前感到骄傲的地方,也是我们进行爱国主义教育的最好题材。

　　然而,与西方的大理石铭文和羊皮书相比,中国的纸确实容易破损甚至毁坏,历史上有大量抄写和印制书籍的记载,也有许多"书厄",如大业漂没、靖康之耻、绛云烈焰等,大量图书的损毁,使许多珍贵典籍不复存在。

书籍也是古今文化交流的重要载体,唐代僧人玄奘赴西天取经,带回来数千卷印度梵本佛经,它们或许至今还封存在西安大雁塔中;而日本遣唐使船以及唐宋以降的商船,把大量的中国古籍运往日本,其中许多珍本还保存在奈良的正仓院和一些寺庙当中。特别是鸦片战争以来,积贫积弱的中国受到西方列强的侵掠,大量珍贵的图籍,如皇家收藏的《永乐大典》,被火烬捆载而去,其他以各种手段巧取豪夺的书籍,更是不计其数。敦煌宝藏的流失是中国书籍迁转流散的一个典型的例子。

1900年,由于偶然的机会,住在敦煌莫高窟前下寺的王道士,在其居所对面的洞窟墙壁上,发现一个复洞,里面收藏着数万件写本典籍、经卷、文书和数千件绘画美术品,它们应当是公元11世纪初封存起来的三界寺的藏书和供养具,写本年代从5世纪初到11世纪初,应当是西晋年间发现汲冢古书后面世的最为重要的典籍了,而且其中不仅有汉文文献,还有丝绸之路上各种民族文字的典籍和文书,所以它们既是中国文化典籍的宝藏,又是东西方文明交流极其珍贵的记录。

可惜的是,这样一个重要的文化宝藏,从1900年发现,到1907年英国人斯坦因前来觅宝之前的七年时间里,虽然王道士曾将其中的经卷和绘画送给过许多清朝的官员,却没有一个官员想去仔细追问它们的来源。直到法国人伯希和继斯坦因之后获取了藏经洞的宝藏之后,在1909年把一些精品出示给北京的学者,这才震动了罗振玉等人。罗振玉等报告学部,由学部电令甘督派人把剩余的经卷悉数调到北京,可是负责其事的人并不认真,让王道士窝藏了一些,沿路还有遗失。这批上万件的敦煌写经现收藏在国家图书馆敦煌书库,虽然是斯坦因、伯希和的"劫余"之物,但其中仍有不少宝贵的资料,比如本次展览所陈列的摩尼教残经,就是摩尼教的根本经典之一,成为今人研究摩尼教的基本依据。

由于清朝地方官员的无能和当时中国学者没有意识到应该亲自去敦煌调查,造成敦煌宝藏的大量流失,大批写本入藏英国国家图书馆、法国国立图书馆、俄罗斯圣彼得堡东方学研究所、日本龙谷大学图书馆等处,而美术品则入藏英国国家博物馆、法国吉美博物馆、俄罗斯爱米塔什博物馆等处。根据对敦煌藏经洞的宝藏原状的研究,我认为这些写本和绘画原本是属于三界寺的图书馆,它们原本是一个有机的整体。可是现在经过王道士的私自馈赠,斯坦因、伯希和等人的巧取豪夺,马车在崎岖山路上的颠簸运输,使得敦煌宝藏现在已经四分五裂,许多原本完整的写本被撕成断片,分别收藏在不同的国家。即使在伦敦,原来在藏经洞中是一个经帙包着若干卷佛经,而现在却按照西方"科学"分类方式,经帙因为有丝织花纹而收藏在英国博物馆,写经作为图书而收藏在英国国家图书馆,这使得我想把经帙合一,从而复原藏经洞书籍原样的努力几乎无法实现。

其实,对于敦煌学的研究者来说,写本的缀合可以给枯燥的研究带来无尽的乐趣。1991年我在英国国家图书馆编纂敦煌写本残片目录时,曾把十几件《列子》残片比定出来,并缀合成三大片,判定它们都是属于同一个抄本。回国后,我询问国家图书馆所藏未刊残片是否有《列子》,得到肯定的回答,我猜想一定也是出自同一个抄本。捡出来一看,果然不错。如果这类写本都收藏在一个地方,那不知要省去研究者多少宝贵的时间。所以我更加希望原本是属于一个整体的文献,将来能够尽可能地归总到一起,这不仅利于研究,也有利于保护。我们可以将那些原本是同一个卷子的不同残片裱合起来,可以想象,如果这样的工作可以进行的话,那么我们将会拥有多少更加完整的敦煌文献!

书籍代表着一个国家、一个民族的文化,对于书籍的收藏和保护其实就是对自身文化的爱护。书籍的流散从物质的层面来讲,是国家和民族珍宝的流失;而从文化的层面上来讲,也是一种文化交流的形式。敦煌宝藏的流散的确是中国文化的浩劫,但同时也应当看到,敦煌文献和绘画也促进了西方对于中国文化的研究和认识。我当然希望敦煌文献像原苏联和东欧国家所藏的《永乐大典》一样,早日回到中国国家图书馆,但在目前的情况下,我们只有通过透彻的研究,来整合散在世界各地的中国文化遗产。

过去,我曾花了许多时间和精力访查流散在国外的中国典籍,其过程既有不少心酸的经历,也有许多收获的乐趣。近年来,我也经常利用国家图书馆的敦煌文献和金石拓本,知道国图在中国古籍的收藏、修复、整理、研究、出版等方面,做了大量的工作;而且国图还依托本土优势,与学术界密切合作,以举办讲座和学术会议等方式,利用馆中聚合的中国最佳典籍资源,促进学术交流,推进学术研究。从一个学者的眼光来看,中国国家图书馆对于中国古籍的保护和研究,做了实实在在的好事,对传承中国文化实在是功德无量。

(2006年4月20日完稿。收入国家图书馆编《文明的守望——古籍保护的历史与探索》,2006年5月由北京图书馆出版社出版。)

《粟特人在中国》编后感言

本来在筹划、编辑《唐代宗教与社会》、《中外关系史：新史料与新问题》以后，自己很想轻闲一阵。可是，2003年末，法国科研中心的葛乐耐（Frantz Grenet）、童丕（Éric Trombert）、魏义天（É. de la Vaissière）三位先生找到我，希望我出面组织，在中国召开一次主题为"粟特人在中国——历史、考古、语言的新探索"（Les Sogdiens en Chine：Nouvelles recherches historiques, archéologiques et philologiques）的学术讨论会，把目前中外从事粟特研究的学者请到北京来，共同探讨一番。我这人喜欢参与学术活动，对于这样既可以开拓新的学术领域，又可以促进中外学术交流的事，当然觉得是应当做的，所以就很爽快地答应了。没想到，这事儿真烦。

在北京具体参与筹办会议的是法国远东学院北京中心主任华澜（Alain Arrault）先生，他代表法国方面希望把会议举办的地点放在白石桥的中国国家图书馆,会议主办单位则有法国科研中心中国文明研究组(UMR Civilisation chinoise, EPHE-CNRS)及东方与西方考古研究组(UMR Archéologie d'Orient et d'Occident, ENS-CNRS)、北京大学中国古代史研究中心、法国远东学院北京中心(Centre de l'École française d'Extrême-Orient à Pékin)和中国国家图书馆善本特藏部。不在北大举办,我暗自高兴,因为此前我已经在北大办了三个国际会议,会务要花费很多时间。而国家图书馆善本部在张志清主任的带领下,人多势众,已经成功地办过几次国际会议,相信他们会把所有的会务工作做得圆满成功。可是,志清主任向我提了个要求,希望会议期间在善本部举办一个有关粟特的展览,并出版一本图录。我脑袋一热,又答应下来。

这个展览定名为"从撒马尔干到长安——粟特人在中国的文化遗迹",国家图书馆能够拿出来陈列的东西,主要是唐代粟特后裔的墓志等石刻材料、有关粟特的少量敦煌文书和善本书。唐墓志多属早年收集的千唐志斋系统,没有特别之处;敦煌文书也多是晚唐五代的写本,而没有像英、法所藏《差科簿》《沙州图经》那样直接记载粟特人在中国的资料,所以只能拿王重民先生早年拍的照片来补充。当然,国图所藏汉文、粟特文、回鹘文三体《九姓回鹘可汗碑》、抄本《安禄山事迹》确实是难得一见的珍品。为了充实展览的内容,我动员了山西省考古研究所的张庆捷先生、陕西省考古研究所的邢福来先生、西安市文物保护考古所的孙福喜先生、宁夏回族自治区考古所的罗丰先生和龙门石窟研究院的张乃翥先生,为展览提供了他们那里收藏的解放后、特别是近年来新出土的有关粟特的墓志拓片、文物图版等,我自己则拿出多年收集的有关粟特语言、考古、历史、宗教的中外文书籍若干种,在善本部人员的精心布置下,这个小型的展览居然内容丰富多彩,引人瞩目。

由于善本部的空间限制,展览并不能摆出全部我们列入展览目录的资料,所以编辑一本学术性的图录来记录这样的学术盛事是最好不过的了。这本由我和张志清先生合编的《从撒马尔干到长安——粟特人在中国的文化遗迹》[1],前面是一组文章,除了我写的综述《从撒马尔干到长安——中古时期粟特人的迁徙与入居》外,其他各篇对粟特人在中国及其影响的一些方面做了阐释,计有张庆捷《入乡随俗与难忘故土——入华粟特人石葬具概观》、杨军凯《入华粟特聚落首领墓葬的新发现——北周凉州萨保史君墓石椁图像初释》、齐东方《输入·模仿·改造·创新——粟特器物与中国文化》、雷闻《割耳劙面与刺心剖腹——粟特对唐代社会风俗的影响》、毕波《信仰空间的万花

----

〔1〕北京图书馆出版社,2004年4月。

简——粟特人的东渐与宗教信仰的转换》,另外还有史睿《金石学与粟特研究》的专文,大多雅俗共赏,而后面是我和林世田等几位年轻人对展品所写的简要解说,内容分成"中国的粟特考古新发现"、"石刻碑志上的粟特人"、"古籍文献与敦煌文书里的粟特人"三个方面,虽然限于展品,并不是有关粟特史料的全面介绍,但也是粟特史料的一次比较集中的展现,对于一些学界熟知的材料,有些解题不乏新意。在我看来,虽然这本图录不像会议论文集那样全部集中的是学术论文,但其中的一些论文和解题,是近年来粟特研究的重要成果,而且图版精美,可以看作是论文集的姐妹篇。

对我来说,会议开始之前最烦的事情是要校读一遍所有提交会议的论文,其中包括国外学者法文、英文论文的中文译稿和中国学者中文论文的英文译稿,都需要对照原文来读。在几位年轻朋友的帮助下,我们如期在会议开始时,提供给每位与会者两册中英文(个别法文)对照的会议手册,使得不论中外学者在用中文、英文或法文宣读论文时,免去了翻译的辛劳,并为会议争取到相当充分的讨论时间,让东西方学者做充分的学术交流。

2004年4月23–25日,"粟特人在中国"学术研讨会在国家图书馆成功举行,有关会议的情况已经有几篇报道[1],我这里不必多说。我要说的是会议虽然圆满地落幕,但我的工作并没有结束,而且并不轻松。按照和法国方面的分工,西文部分的论文由魏义天和童丕编辑,在法国出版[2];而中文论文,则由我和华澜、张志清负责编辑,在中国出版。

本来以为我们在会前已经对几乎所有论文都进行了校读和改订,编辑会议论文集应当不是一件困难的事,但事实表明,这还是一件烦心事。不论我们如何发信给作者,并附上我们的改订本,但只有个别作者把自己修订的意见改在我们校订过的本子上了,特别是许多英文、法文的稿子做了相当大的改动或者增删,我们需要找翻译,或者自己对照着原文补译汉文,这事当然非常繁琐。而且,你可以想象,要找到我们已经改出的所有错字,并不是一件容易的事情,这需要花费不少时间,加上联络作者、译者的时间,这本原

---

[1] 我所见到的有:张小贵的《综述》,载郝春文主编《敦煌学国际联络委员会(ILCDS)通讯》2004年1月;郑炳林、屈直敏《综述》,载《敦煌学辑刊》2004年第1期;吉田丰《报告》,日本《唐代史研究》第7号,2004年8月;Judith A. Lerner 的报道,载 *Bulletin of the Asia Institute*, new series, 15, 2001 (实际为2005年出版)。

[2] 该书已经在2005年由法国远东学院出版,即 *Les Sogdiens en Chine*, sous la direction de Étienne de la Vaissière et Éric Trombert, Paris: École française d'Extrême-Orient, 2005,我没有参与其中的任何工作。

本以为很快可以编好的会议论文集,却一拖再拖,直到2005年7月初,才把大部分稿子整理完毕,而个别的文章拖到8月份才交给我处理。感谢中华书局汉学编辑室的编辑孙文颖和张进两位女士,她们认真的工作让我们避免了许多错误。

现在,摆在我们面前的这本素雅的《粟特人在中国——历史、考古、语言的新探索》[1],的确让我爱不释手,这不仅仅是它使我以及和我一起工作的同事们的辛勤劳动得到一点安慰,更重要的应当说是这本著作的确汇聚了学者们的最新的一流研究成果,比如对于西安新发现的北周史君墓图像的考释,对史君墓汉文粟特文双语铭文的解读,对粟特文古信札1号和3号信件的首次翻译,对于粟特人在中国社会的贸易、生活、种植葡萄酒等方面的研究,以及对于入华粟特人的祆教、摩尼教与技术、艺术方面的深入阐述等等,精彩纷呈,可以说是近年来国内外粟特研究热潮的一个集中显现。看着这样一卷厚实的学术成果,这样一个中外学术交流的结晶,原本的烦恼,也就烟消云散了。

作为编者,我已经在书的前言里交待了这次会议的缘起并展望了今后粟特研究的一些方面,至于本书的成就,魏义天教授在结语中有十分概括的说明,我这里不想多说,而留给书评作者,我想说的是,经过几

---

〔1〕北京:中华书局,2005年12月。

年的努力,我们奉献给学术界一份厚礼,同时也是我们交出去的一份考卷,希望读者予以批评指正。

（2006年6月8日完稿,原载《书品》2006年第4期。荣新江、华澜、张志清主编《粟特人在中国——历史、考古、语言的新探索》,2005年12月由北京中华书局出版。）

刘进宝《唐宋之际归义军经济史研究》序

　　经济史的研究，自20世纪50年代以来一直是中国大陆史学界的重点，这是新中国建立后史学界学习马列主义的结果，虽然大多数论著都带有教条式地套用马列主义词句的毛病，但从长远的学术发展史来看，由此产生的一系列中国经济史的研究成果，确实取得了相当可观的成绩。从更为广阔的视角来看，第二次世界大战后的日本史学界，同样受到马克思主义的影响，关注社会经济史的研究，虽然视角不同，目的也不一样，但日本东洋史学界和中国大陆的史学界却有着共同的爱好，甚至可以说不少优秀的研究成果交相辉映。对此，大陆彼岸的台湾史学界，经常有学者慨叹他们没有人从事经济史的研究，显得史学的发展不免有些缺憾。

　　然而，80年代后，中国大陆受欧美、台湾史学思潮的影响越来越大，学术的热点逐渐从文化史、学术史，

国家社科基金成果文库

SELECTED WORKS OF THE CHINA
NATIONAL FUND FOR SOCIAL SCIENCES

唐宋之际归义军经济史研究

刘进宝 著

中国社会科学出版社

刘进宝著《唐宋之际归义军经济史研究》

转到思想史、社会史、妇女史等等方面，越来越多的年轻人投入到各种"新史学"的研究队伍中，取得了非常丰富的成果，值得我们骄傲，也值得肯定。然而，这热闹的背后也有让人担忧的一面，就是越来越多的年轻学人不愿意做经济史的研究。"新史学"的耀眼成绩还没有显现出来，而传统的优秀成果却少有人发扬光大。

当我看到刘进宝教授新著《唐宋之际归义军经济史研究》这个书名的时候，感到无比欣慰。这一方面是作为研究过归义军政治史、民族史的笔者，看到了归义军经济史方面研究的进步；更重要的是，我们在敦煌学的领域里，却有人继续高举着"经济史"研究的旗帜。其实，经济是社会的基础，这是不言而喻的道理，我们不论研究传统的政治史、政治制度史、科技史、文化史等，还是以"新史学"的视角来研究社会史、妇女史、医疗史、灾害史、环境史等等，都应当对所研究的社会的经济方面有透彻的了解，否则所得出的某些结论，可能会失之偏颇。

史学研究的另一个发展方向是区域史的研究，由于明清时代有大量的方志和地方文人的文集，这项研究可以如鱼得水，游刃有余。但对于中古时期的大多数区域来讲，这种研究常常受到资料的限制而无法展开。敦煌归义军时期的官私文书，都是未经史家去取的原始文件，而且涉及的方面极其广泛，正好可以用来做唐宋时代区域史研究。我觉得刘进宝教授的这部新著,也具有区域研究的意义,它给我们提供了一个观察唐宋时期经济的传承与变迁的地方案例,而且是个鲜活的个案。

在刚刚结束的刘进宝教授主持的"转型期的敦煌学"学术研讨会上,大家都在探讨敦煌学的"继承与发展"问题。我在闭幕式上的发言中,根据会议提交的论文内容,提示了敦煌学发展的几个方面。进宝教授觉得我讲的有些道理,非让我就此发挥一下,给他的新著写篇序言。我和进宝教授相知甚久,固辞不获,只好勉为其难,因略述学术研究继承与发展之关系如上,希望借此提示进宝教授新著的学术意义,并期盼敦煌学在"新史学"的大背景下,继承优秀传统,探索新的天地。

(2006年10月9日完稿。本书2007年5月由中国社会科学出版社出版。)

池田温《敦煌文书的世界》中译本序

在敦煌学的世界里,不论东方还是西方,大概是没有人不知道池田温先生的了。

他的《中国古代籍帐研究》(1979年)是对此前发表的有关户籍、籍帐及相关社会经济文书的集大成著作,而且是经过非常仔细校录的文本,排版格式也最接近原文书的格式;书前的"概观",实际是一部对中国古代籍帐的系统研究专著(1984年中华书局出版汉译本),是里程碑式的著作。

他和山本达郎先生合著的《敦煌吐鲁番社会经济资料集》(*Tun-huang and Turfan Documents concerning Social and Economic History*)第3卷《契约文书》(1986-1987年),则是有关敦煌、吐鲁番、龟兹、于阗出土契约的精心校录和系统研究,此书录文用汉文,而论述用英语,所以其论述往往为中国学者所忽视。本书所收的池田先生给《讲座敦煌》所写的《契》一文,正好可以

日本中国学文萃

王晓平◎主编

敦煌文书的世界

〔日〕池田　温◎著

张铭心　郝轶君◎译

中华书局

〔日〕池田温著《敦煌文书的世界》

让中国读者更确切地了解作者有关契约文书的系统看法。

他的《中国古代写本识语集录》（1990年），是又一部总结性的著作，系统收集了敦煌、吐鲁番等地出土以及日本传存的古写本题记，内容涉及儒、释、道等各类典籍，年代延续逾千年，是今天学者们研究宗教史、书籍史等许多方面时方便的参考文献，省去后来者不知多少时间。

池田先生对于学术研究的贡献是多方面的，除了上面提到的著作外，他在礼制、法律、土地制度、东亚文化交流等许多方面都有突出的贡献，著有《東亚文化交流史》（2002年），主编《敦煌的社会》（1980），《敦煌的汉文文献》（1992年），《中国礼法与日本律令制》（1992年），《唐与日本》（1992年），《中国史》2《三国—唐》（1996年），《唐令拾遗补》（1997年），《日中律令制的諸相》（2002年），《（以学习日本古代史为目的的）汉文入门》（2006年）等等。

池田先生之父（池田古日先生）是书法家，丈人（仓石武四郎先生）是经学家、小学家，受此家学影响，池田先生治学严谨，校录敦煌吐鲁番文书细致入微，许多难字得以破解，贡献极多，如《天宝十载敦煌郡敦煌县差科簿》《天宝二载交河郡市估案》，都是由于他的细心拼接和释读，才把这些残片缀合成唐史研究的基本史料；他的学生大津透把大谷文书中一百多残片拼接为《唐仪凤二年度支奏抄·三年金部旨条》，也是在其指导下所做出的杰出成绩。

池田先生最重要的贡献，无疑在唐史和敦煌学方面。在唐史方面，我们曾经把他的部分重要文章翻译成中文，编成《唐研究论文选集》（1999年），由唐研究基金会资助出版；最近，中华书局又要再版他的《中国古代籍帐研究》（合概观、录文于一编）。但在敦煌学方面，我们一直没有系统地翻译池田先生的论著，不免遗憾。现在，我们高兴地看到张铭心君把池田先生的新著《敦煌文书的世界》，用流畅的文笔，译成中文，将由中华书局出版。本书虽然不是池田先生敦煌学研究的全面写照，但所收入的有关敦煌文献的总说，对敦煌流通经济的透彻探讨，对敦煌契约文书的概论，以及对敦煌写本真伪判别的论述，都是池田先生研究敦煌学的精华所在。

对于中国的敦煌学界而言，现阶段的敦煌学，我们最需要的是国际视野。池田温先生就是富有国际视野的世界级的敦煌学家，相信本书中文本的出版，将对于中国敦煌学的发展，对于中国敦煌学与国际学界的对话，都将是富有积极意义的。

承蒙池田先生不弃，张铭心君的好意，让我来给这本篇幅不大而分量颇重的专著做序，既感惶恐，又

觉责任难逃,为了有助于读者理解本书内容,因略述
池田先生学术如上,是为序。

（2007年6月11日完稿。池田温著,张铭心、郝轶
君译《敦煌文书的世界》,2007年12月由北京中华书局
出版。）

國家圖書館
敦煌研究資料叢刊

國家圖書館善本特藏部 編

王重民向達所攝
敦煌西域文獻照片合集

李德範　主編

北京圖書館出版社

李德范主编《王重民向达所摄敦煌西域文献照片合集》

李德范主编《王重民向达所摄敦煌西域文献照片合集》序

记得上世纪90年代初,出版界刮起了一股"老照片"热,人们纷纷翻腾出压在箱底的那些"文革"烬余的相片,把上面的老房子、牌楼、洋房、电影明星,乃至旧上海的招贴画,等等等等,都辑了出来,分门别类地影印出版,让上了年纪的人得以追念往昔,重温旧梦,也使得年轻一代多少了解一点过去,在数字化的时代感到并非都是今非昔比。

在敦煌学的历史上,"老照片"的意义就不仅仅是拿来欣赏的玩意儿,而是逐渐成为保存历史文献真面目的珍贵文物了。

当伯希和于1909年携带着一批他从敦煌藏经洞攫取到的六朝隋唐古书写本珍品来到北京时,京都的士大夫们为之震惊,罗振玉等人在匆匆抄录的同时,和伯希和商议拍照事宜,只获得允许影照十五种,"计书卷五,雕本二,石刻三,壁画五"。这大概是中国学术界最早拥有的敦煌文献和壁画的照片,罗振玉还特别为入藏京师大学堂藏书楼的这些照片写了一篇跋,其珍视程度可想而知,因为在当时,敦煌写本精华已为斯坦因、伯希和捆载而去,中国学者要想研究,就只有通过照片了。

与这区区十五种照片相比,1934-1939年间奉北京图书馆(今国家图书馆前身)到巴黎调查敦煌写卷的王重民先生,在伯希和、戴密微等人的帮助下,不仅饱览了全部写卷,而且还为北京图书馆和清华大学拍摄了近万张具有学术研究价值的敦煌写本照片。清华大学的一份,在抗战转移到长沙时,遭日军轰炸而毁掉,而北图的一份则完整地保存下来,这些照片中,还有王重民、向达分别在1935年和1937年走访柏林时所得数十件吐鲁番文献的珍贵照片。

从40年代到今天,研究者一批接一批地前往巴黎、伦敦、柏林"挖宝",一些具有学术价值的写本被反复借阅,千年的纸张经不住人们翻过来、倒过去地折腾,一些带有文字的纸块已经脱落而不知所在,比如巴黎藏的《沙州图经》、《张淮深变文》,就是如此。收藏的馆方为了保护原卷,有的(英图)托裱,不经意把一些重要的文字糊在里面;有的(法图)用丝网固定纸张,但架不住学者的多次翻阅,丝网和纸张脱离,由于隔着一层丝网,于是后来拍摄的照片自然模糊不清,这种情况越是有学术价值的写本越是如此。

与此相反，王重民、向达带回来的照片，由于他们回到祖国时正值战争不断，以后又是不停的政治运动、"文化革命"，原本要作为研究使用的照片，却静静地躺在北京图书馆里没人问津，照片的质量也没有受到任何损害。80年代中叶，我曾远渡重洋，到巴黎去查找归义军史料，没想到有些写本文字是后来在文津街北图敦煌吐鲁番资料中心看到王重民带回的老照片才最终定谳的。记得有一次周绍良先生让我核《读史编年诗》的录文，因为他据70年代的缩微胶卷或《敦煌宝藏》的影本都有不少文字无法见到，我知道中华书局的徐俊先生独具慧眼，明了王重民照片的价值，已经用这批老照片全部核对了他整理的诗歌文字。一问，果然《读史编年诗》的全部文字，都可以通过这批老照片释读出来，周老为之大喜。至于我比定出来的那些在二次世界大战中已经毁掉的德藏吐鲁番写本残卷，北图照片的文物价值之高，就不用费辞了。

虽然上海古籍出版社已经印出《法藏敦煌西域文献》，但读者一对照，就知道现在把国家图书馆所藏的这批敦煌吐鲁番文献的老照片影印出来，是何等重要。近年来，由于藏有许多重要典籍的李盛铎旧藏敦煌写本的日本藏家一直不公布这批"最后的宝藏"，所以京都大学羽田亨纪念馆所藏李盛铎旧藏文献的照片，便成为学者们重要的取材对象，推动了敦煌学一些方面的发展。我相信数量更加庞大的中国国家图书馆所藏法藏敦煌文献和部分英藏、德藏敦煌吐鲁番文献的出版,一定能推动敦煌学的更大进步。为此,我们不仅感念王重民、向达先生的功绩,也感谢国家图书馆善本部研究人员的辛劳,让我们拥有这样富有学术价值的精品图录。

因为我较早利用这批照片,受益良多,今受命属辞,不敢推卸,因略述敦煌写本老照片之学术价值与研究旨趣如上,聊作序言。

(2007年6月15日完稿。本书2008年4月由北京图书馆出版社出版。)

雷闻《郊庙之外——隋唐国家祭祀与宗教》序

　　一门学问要发展,一方面需要保持住已有的优良传统,另一方面则要不断更新,开拓新材料,发现新问题,提出新观点,创造新理论。目前中国史学的发展,正是处在这样一个发展和转变的阶段,既有保持传统的优秀著作,也有勇于创新的理论探索。在传统的积累更加丰厚的隋唐史学界,迄今为止的研究成果,传统的课题仍然是主流,而新的探索还需要加倍努力。可喜的是,现在有一批年轻的学者,既能够从前辈那里继承优良传统,又善于利用新的工具和手段,大力吸收人文与社会科学的理论和方法,渐渐结出一些新的硕果。这其中,雷闻的这部专著,就是我读到过的隋唐史新著中的佼佼者。

　　本书是雷闻在他的博士论文基础上修订、增补而成的。记得在答辩会上,我希望雷闻在这个问题上,能够以他精湛的史实分析为根基,来回应西方有关国

郊庙之外

隋唐国家
祭祀与宗教

雷闻 著

生活·讀書·新知 三联书店

三 联 ✳ 哈 佛 燕 京 学 术 丛 书

雷闻著《郊庙之外——隋唐国家祭祀与宗教》

家祭祀与民间宗教的理论问题,提出自己的看法。这些年来,雷闻有机会走访台湾、英伦、北美等地,在国内时也注意与海内外学者的交流切磋,使他在这项研究过程中,始终有着强烈的理论思考,在处理国家、社会不同阶层之间的关系,分析"仪式"、"淫祀"等问题时,能利用人类学和社会学的一些理论来处理问题,从《导言》中就可以看到他对于欧美日本相关研究及观点的回应。他从国家祭祀的神祠色彩、佛教道教及民间信仰与国家祭祀的相互影响、地方祠祀的分层和运作、国家和地方的祈雨活动等方面,深入探讨了隋唐国家和地方社会在处理国家祭祀和民间信仰活动的运作过程,其研究所描述的历史画面,远较我们看到的单独详细考述国家礼制和单独研究佛、道与民间宗教的论著要丰富多彩,因而更加接近历史的本来面貌。在全书的《结论》中,读者可以看到这些观点的结晶。

雷闻在北大读硕士、博士阶段,师从吴宗国先生,开始时的主攻方向是制度史。由于年龄的原因,雷闻和我的学术交往更加密切一些,他上过几乎所有我开设过的课程,并参加我主持的一些课题,协助我编辑《唐研究》等。记得有一年吴宗国先生给研究生开《唐六典》的课,我则讲授敦煌文书,所以我就按照每位学生分工所读《六典》的内容,交给他们相关的敦煌文书来做练习,我把在伦敦发现的《唐景云二年论事敕书》交给雷闻来研究,他不负所望,写出论文,并发表在《唐研究》第一卷上。大概因为做学问的风格与我相近,以至于身居海外的张广达先生看了这篇文章后以为是我化名所写。后来,雷闻逐渐从制度史转而关注国家祭祀与宗教信仰等问题,这或许受到一些我的学术取向的影响。今天读到他的这部著作,感到他走上了一条通衢大道,心里也感到几分安慰。

然而,学术的追求是没有终点的,雷闻只是走到了一个四通八达的交通枢纽,而不是一个终点站。我知道他对中国古代的山岳信仰、对道教的金石铭刻,等等问题,都有相当浓厚的兴趣,希望他以本书作为新的起点,跨越眼前的沟沟坎坎,确定新的目标,遥望大山,开拓进取,在不久的将来,结出更加丰盛的果实。

（2008年11月3日完稿。本书2009年5月由北京生活·读书·新知三联书店出版。）

马秦《千年龟兹》序

古代龟兹是西域地区的大国,她以库车绿洲为中心,最盛时北枕天山,南临大漠,西占姑墨与疏勒接壤,东抵铁门与焉耆为邻,范围相当于今天新疆维吾尔自治区的轮台、库车、沙雅、拜城、阿克苏、新和六个县市。

龟兹位于塔里木盆地北沿的中心,以都城延城(伊逻卢城,今库车皮朗古城)为中心的绿洲,由天山流淌而下的铜厂河和渭干河所孕育,南面的塔里木河从西向东穿过龟兹国境,也灌溉了大片土地。北部的天山拥有丰富的矿产资源,河流经过的绿洲生产出大量的果实,为龟兹古国的发展壮大,提供了经济基础。

龟兹位于天山南部丝绸之路的主干道上,东面从焉耆可到高昌(吐鲁番)、楼兰而与河西走廊的敦煌、武威相连,最终抵达丝绸之路的始点长安或洛阳;西面从姑墨到疏勒(喀什),越葱岭而与粟特、吐火罗甚至印

马秦著《千年龟兹》

度、伊朗、地中海相交通。她自古以来就是东西方文化的交汇点，又是中转贸易的枢纽之地，赚取着过往商客的商业利润，也丰富了龟兹本地的物质文化。

在整个中华文明发展史上，龟兹无疑以她的文化成就而自豪。

东往西去的佛教僧侣给龟兹带来了丰富的佛教和印度文化营养，这其中既有前去西天取经的玄奘、慧超、悟空等中土佛徒，也有数不清的前来东方传法、译经的中亚、印度高僧，我们从经过一千多年沧桑而保存至今的克孜尔、库木吐喇、森木塞姆、克孜尔尕哈等大大小小的石窟，从耸立在铜厂河两边的东西雀离大寺(今苏巴什遗址)和渭干河边的阿奢理贰伽兰(今夏克吐尔遗址)的建筑，从一百年来东西方考古探险家发掘出来的数以千计的梵文、龟兹文(B种吐火罗文)、汉文、回鹘文佛教文献写本，仍然可以感受到当年龟兹佛教的辉煌。由此我们才能理解龟兹，为什么只有龟兹，才能孕育出像鸠摩罗什这样空前绝后的高僧大德，他在西域地区修习成才，在家乡龟兹讲经说法，声名远扬，以至于立都长安的前秦皇帝符坚派大军前往龟兹，要将他掠到中原。他从梵文或其他中亚语言翻译成汉文的佛经流传至今，大大改变了中国人的传统思维方式，成为中国思想史、哲学史、宗教史上的巨人。

作为东西方文化的承载之地，龟兹并不仅仅是佛教文化一枝独秀,在龟兹地区盛行的音乐舞蹈当中,在龟兹佛教壁画的纹饰、技法上面,我们处处都可以发现印度、伊朗文化,乃至更为遥远的希腊、罗马文化的影响,甚至我们发现龟兹画家笔下的佛经故事里的商人,并不是印度商人的模样,而是中古时期活跃在丝绸之路上的中亚粟特商人的形象,这是活跃在龟兹地区的粟特商人的真实写照。而龟兹地区出土的纳骨器(瓮棺),也透露出粟特人所信奉的琐罗亚斯德教(汉文称祆教)也已经传到这里。还有克孜尔石窟中联珠纹的装饰图案、供养人所穿的服装式样、甚至穹顶上的神祇,都可以看到许多伊朗文化的特征。

到了唐代,龟兹既是唐朝控制西域地区的军政最高机构安西都护府之所在,而且也是掌管安西四镇全境佛教教团的"四镇都统"的驻锡之地。日本大谷探险队从库木吐喇盗走的一方供养人壁画题记,上书"大唐□(庄)严寺上座四镇都统律师□道",指的就是这位从唐朝都城长安的庄严寺派出而任整个四镇地区都僧统的高僧大德。大量的龟兹地区出土汉文佛典表明,当地的僧人和同时代的敦煌、长安僧人一样,阅读、传诵、修习的都是同样的经典,当汉地的佛教兴盛发展以后,也把汉传佛教的成果"倒传"到包括龟兹的西域地区,我国的吐火罗文专家季羡林教授曾经论证,龟兹地区行用的吐火罗语"出家"一词,不是像其他佛教名词一样来自梵文,而居然是来自汉语。

从原始时期的陶罐,到今天尚在使用的农具;从石窟壁画上的乐舞形象,到现在舞台上的十二木卡姆;从出土的梵、龟兹等文字写本,到如今全世界各个图书馆都有的鸠摩罗什汉译佛典;从雄伟的石窟、寺庙建筑,到出土的钱币、玻璃、宝石;"龟兹古国"的文化遗产丰富多彩,为龟兹文化、西域文化,乃至整个中华文化的研究,提供了大量的素材。一百多年来,分散在世界各地的龟兹文物和文献,推动了东西方学者对龟兹历史、文化的多角度、多层面的研究,产生了大量学术著作。

　　近年来,随着中国经济实力的快速增长,库车地区也张开翅膀,奋力腾飞。在龟兹石窟研究院的学术研究成果日新月异的同时,新疆又成立了"龟兹学会",龟兹故乡的人们正以主人的姿态,展开宽阔的胸怀,海纳百川,推动世界范围内的龟兹学研究。

　　近几年来,我几乎每年都到龟兹地区考察,去年也参加了龟兹学会的年会,看到龟兹学这种蒸蒸日上的盛况,似乎感到"龟兹古国"的文明重又焕发了青春。因马秦先生之邀,固辞不获,略述以上感想,聊以为序。

　　(2009年4月5日完稿。本书2009年8月由新疆科学技术出版社出版,原题"一枝独秀有龟兹"。)

唐研究

第十五卷

『長安學』研究專號

北京大学出版社
PEKING UNIVERSITY PRESS

荣新江主编《唐研究》第十五卷

《唐研究》第十五卷"长安学"研究专号卷首语

　　大概在 2001 年的上半年,我藉助在北京大学历史系给研究生上"隋唐史研究"课程的机会,开始了"两京新记读书班"的历程,每周一次,我和一些硕士、博士生及年轻教师一起,坐在中古史研究中心的会议室里,按照《两京新记》的顺序,一个坊一个坊地读长安的史料,有问题就讨论,没有问题就翻过。我根据学生的兴趣,选取一些题目分给大家,有的写出札记,有的写出论文。开始时成果不多,2003 年 12 月,我主编的《唐研究》第九卷作为"长安:社会生活空间与制度运作舞台"研究专辑出版,其中发表了这个读书班成员的一些论文和札记。我在这个专辑的前面,写了《关于隋唐长安研究的几点思考》,阐发了我对隋唐长安研究的一些想法,特别强调了四个方面的研究有待推进:1. 打破从北到南的长安文献记载体系,注意地理、人文的空间联系;2. 从政治人物的住宅和宫室的变迁,重新审视政治史和政治制度史;3. 走向社会史,对于长安进行不同社区的区分并分析研究;4. 找回《两京新记》的故事,追索唐朝长安居民的宗教、信仰以及神灵世界。我希望用新的视角,来审视长安,推动"长安学"的研究;以长安为平台,来讨论隋唐史的各个方面,走出隋唐史研究的新路。

在许多年轻人的参与下,"两京新记读书班"后来断断续续地坚持下来,我们也叫它"隋唐长安读书班"。在北大历史系的课程表中,是以"隋唐长安研究"的名字出现的。这个读书班的成员以及曾经参加过这个读书班而后来出国深造、任职任教的一些人,有的就投身到"长安学"的研究,陆续发表了自己的研究成果。这次我们把历年来读书班成员的一些心得,汇集在这本新的长安研究专号上,为了弘扬"长安学"的研究,我们就称作"长安学研究专号"。给这个专号贡献文章和书评的作者,像雷闻、王静、孙英刚,都是最早的"两京新记读书班"的成员,更多的则是以后在北大学习而参加"隋唐长安读书班"的成员,有韩香、季爱民、朱立峰、李丹婕、游自勇、赵大莹、林晓洁、李芳瑶。宁欣老师也曾带着她的学生,每周从北师大赶来参加我们的读书班,这次她本人也提供了大作。而当我打算再编一本隋唐长安研究专辑时,又得到陈弱水、妹尾达彦两位先生的大力支持。另外,牛来颖、毕斐、杨为刚、王翔也都奉献出自己的大作。他们都给这个专号增添了绚烂的光彩。

　　与宏大的长安城相比,我们今天对于长安的研究还很不够,希望这本专辑为"长安学"的发展,起到推动的作用。

　　(2009年11月30日完稿,载荣新江主编《唐研究》第十五卷,2009年12月由北京大学出版社出版。)

沙畹汉学论著选译

〔法〕沙 畹 著

邢克超 选编

邢克超 杨金平 乔雪梅 译

中 华 书 局

〔法〕沙畹著《沙畹汉学论著选译》

沙畹著作的接受与期待

——《沙畹汉学论著选译》代序

对于中国的知识界来说,沙畹(Ed. Chavannes,
1865–1918)的名字并不陌生。他的第一本有关中国
的学术著作就是在北京出版的,那就是1890年由北堂
印刷所出版的《司马迁〈封禅书〉》,北京大学图书馆就
有收藏。这本书是沙畹建构他自己的中国学术殿堂
的重要基石,因为是法文的著作,又出自基督教会的
印刷所,毕竟看到的人不多,读懂的人更少。

更多的人开始知道沙畹,可能是通过罗振玉、王
国维的《流沙坠简》。这部可以说是中国简牍学的开
山之作,完全得益于沙畹的惠赠。当罗振玉听说斯
坦因所获的敦煌汉简交由沙畹考释之后,就向沙畹
写信,希望获得这批材料。沙畹慷慨地把自己刚刚
完稿、还没有出版的著作《斯坦因在新疆沙漠中发现
的汉文文书》(1913年出版)的稿本寄给罗振玉,罗

振玉和王国维才得以在沙畹录文的基础上加以分类考释,编成《流沙坠简》,1914年由上虞罗氏宸翰楼印行。在表彰罗、王《流沙坠简》的成绩时,很少有人注意沙畹的功劳,甚至给中国读者以沙畹考证不到家,才使得罗、王重新做了一遍的印象。

沙畹的学术成就能够为中国学者广泛地接受,我们要感谢著名史地学家和翻译家冯承钧先生(1885—1946年)。冯先生清末留学法国,曾与沙畹、伯希和等人切磋学术。1911年回国后,教书、著述之余,从事翻译,主要就是翻译法国学者的东方学研究成果,既有整本的著作,也有单篇的论文。沙畹的著作是冯承钧先生翻译时的首选,这当然是和冯先生所了解的沙畹在法国东方学界的地位相符的。

让我们按翻译本出版的年代顺序,快速浏览一下冯承钧翻译的沙畹著作:《中国之旅行家》,1904年撰,1926年上海商务印书馆出版;《法注记及所记阿罗汉考》,1916年与列维合撰,1930年上海商务印书馆出版;《印度佛教教种职名考》,1915年与列维合撰,1930年上海商务印书馆出版;《摩尼教流行中国考》,1913年与伯希和合撰,1931年上海商务印书馆出版;《纸未发明前之中国书》,1905年撰,载1931年《图书馆学季刊》5卷1期;《大月氏都城考》,1907年撰;《魏略西戎传笺注》,1905年撰;《罽宾考》,1895年与列维合撰;以上三种收入《史地丛考》,1931年上海商务印书馆出版;《西突厥史料》,1903-1904年撰,1934年上海商务印书馆出版;《宋云行记笺注》,1903年撰,载1935年《禹贡》4卷1期。

沙畹处在19世纪末、20世纪初的欧洲,当时欧美的东方学界关注的重点是中国的周边地域和传统中国与域外的关系史。沙畹也在这种思潮的影响下,翻译、注释了大量汉文古籍中的中国僧人印度求法记录、汉译佛典中的故事,以及中亚、印度、云南等地发现的各种碑铭,还有新疆、敦煌发现的简牍和文书,对于西北、西南史地和中外关系史的研究做出很多贡献,他的不少论著至今仍然是西方学者探讨相关问题的史料基础。

冯承钧时代的中国学术界,也同样关注西北舆地、敦煌文书等问题,而且冯承钧本人的兴趣更在西域、南海史地问题的考证。因此,冯译沙畹的著作,也主要是有关西域史、中印关系史、摩尼教流行中国等方面的论著,这其中像《西突厥史料》《摩尼教流行中国考》《宋云行记笺注》等,对中国学术界产生了巨大的影响,至今仍是相关研究的基本参考书。但是,如果我们对比本书所收考狄(Henri Cordier)《爱德华·沙畹》一文所罗列的沙畹论著的话,我们就不难发现,冯承钧所译介的沙畹著作,只为中国学界打开了沙畹学术殿堂的一两扇门窗,透过它们,我们还不足以认识沙畹的伟大。

遗憾的是,中国学术受到太多战争、政治的影响,在冯承钧之后,沙畹论著的翻译在很长时间里无人问津。即使在"文革"之后的二十多年里,由于能够处理汉学资料的专业法文翻译毕竟十分有限,而更吸引时人眼球的法国汉学研究成果,主要是和敦煌有关的伯希和、戴密微、谢和耐的论著,和探险热有关的旅行家的记录,以及当代法国汉学研究者的著作,沙畹似乎被人所遗忘。

　　沙畹毕竟是沙畹,中国学术界很快意识到,不仅他的许多学术研究成果是永恒的,而且他本人也成为汉学研究史上不可或缺的篇章。从这两个方面来说,中国学术不能不知道沙畹其人、其行、其学。我们感谢孟华教授在"国际汉学家文集系列"的选题中首先想到沙畹,感谢邢克超先生不辞劳苦翻译这样涉猎广泛的专题论文。而且我们注意到,作为沙畹传人之一的戴仁(J.-P.Drège)教授和对法国汉学有着深度了解的孟华教授一起选择的篇目,显然是既考虑了这本文集能够拥有一些沙畹学术研究的代表作,也要反映沙畹作为一个法国汉学界的领军人物对中国文化的看法。于是,我们在这本书里可以看到沙畹关于西南、西北民族的历史、地理、年代学的研究(《突厥十二生肖》,1906年;《丽江地区的历史和地理文献》,1912年),关于碑铭和地图学的研究(《中国两份最早的地图》,1930年),关于宗教、伦理道德的研究(《古代中

国的社神》,1901年;《中国对德行的褒扬》,1904年;
《中国人的一些道德观念》,1918年),关于文学、艺
术、民俗的研究(《中国文学的社会角色》,1893年;
《中国民间艺术中对祝颂的表达》,1901年),虽然不
能囊括沙畹学术的全部,但与冯承钧的翻译相比,这
部书中的文章,显然为中国学术界认知沙畹和沙畹的
学术,打开了更多的几扇门窗。特别是《中国文学的
社会角色》一文,是沙畹在1893年12月5日接受法兰
西学院汉学讲座教授后发表的首场演说词,而《中国
对德行的褒扬》,则是1904年11月18日在法兰西学院
碑铭与文学院的一次重要讲演的稿子,可以代表沙畹
对中国文化的认识,有肯定,也有批评。我想本书所
选的几篇从比较宏观的角度来看中国文化的文章,为
我们全面地认识沙畹以及沙畹时代的欧洲汉学,都是
很有意义的。相信本书的出版,会使得中国更多的读
者第二次接受沙畹,接受一个更全面一些的沙畹。

　　沙畹是伟大的,沙畹是19世纪末、20世纪初近
代学术转型时期的学术巨匠。虽然我们目前有了冯
承钧的翻译,有了这本沙畹文集,但是与沙畹的学术
成就相比,我们仍然有所期待。支撑沙畹学术殿堂的
几块巨大的基石,如五卷本的《司马迁〈史记〉译注》
(巴黎,1895-1905年)、《邦宁拓片之中亚的十种汉
文碑铭》(巴黎,1902年)、《泰山——一种中国崇拜
之专论》(巴黎,1910年)、三卷本《汉文大藏经中的

五百故事和寓言》(巴黎,1910–1911年)、两卷本《华北考古记》(附两册图版,巴黎,1913、1915年)等等,还有待通过翻译、摘译、介绍等方式让中国学界所知、所用。比如目前正在轰轰烈烈进行的"二十四史"重新整理的项目,对于国人的点滴校记都搜罗殆尽,那么,横在我们前面的沙畹五卷本《〈史记〉译注》,难道就应当视而不见了吗? 我们期待着更多的沙畹著作被翻译出版。

孟华教授知笔者因学术兴趣的缘故,对沙畹其人、其书略知一二,于是命我作序。然所知十分有限,更何况业师张广达先生目前正在研究沙畹,将有鸿篇巨制发表,末学如我,岂敢应命。可孟教授无论如何也不答应,任由我拖延。看看出版日期将近,坚辞不获,只好从命。仅从中国学术界之沙畹接受史的角度,略述笔者一二粗浅的看法,以抛砖引玉,期盼张先生的大文早日发表。

(2008年4月7日完稿,曾以"沙畹著作在中国的接受"为名,发表于《国际汉学》第19辑,2010年1月出版;收入《沙畹汉学论著选译》,2014年7月由北京中华书局出版。)

林世田《敦煌遗书研究论集》序

　　最近二三十年来,中国的敦煌学研究取得了长足的进步,这中间的推动力有许多方面,其中一个重要的力量支点,就是中国国家图书馆的善本特藏部,因为这里不仅有丰富的敦煌文献收藏,并且有敦煌文献研究、修复、数字化等各个方面的专家,而多年来在其中的敦煌吐鲁番学资料中心里默默工作的人当中,就有本书的作者——林世田君。

　　世田君经过多年的耕耘,自进入新世纪以来,不断发表新作,结出累累硕果。他的重要文章大多数在发表之前就寄给我看,我有的看得非常仔细,受益良多;有的则似懂非懂,不敢赞一词。现在他把这些大大小小的文章结集出版,这使得我可以把这些陆续发表的文章集中起来看,似乎悟出其中的一些门道。

　　敦煌文献,即国家图书馆习惯称之为"敦煌遗书"的这类"书",和我们通常见到的刻本线装的古籍

中国人民大学国学院
北美汉藏佛学研究会 主办

汉藏佛学研究丛书

敦煌遗书研究论集

林世田 著

中国藏学出版社

林世田著《敦煌遗书研究论集》

有所不同,它们大多数是写本状态的"书",而且留存下来的多数是由于种种原因而造成的残本,对于这种写本文献的研究首先的工作其实是整理。但由于不同学科的学者更重要的目的是从本学科考虑来寻找新的文献,因此有时就忽略了作为这种文献的载体写本的形态了。根据刻本古籍的理念而整理研究的成果,有时仅仅停留在文献内容的层面上。世田君敦煌遗书研究的特色,是他非常关注文献的写本形态,我们从本书中就可以看到他把新刊俄藏 Дх.2510与国图所藏BD09145残片缀合成《观音经》、《如来成道经》、《大威仪请经》的精彩成果,这种连接后的文献才是我们所见古人佛教信仰的真情实貌。我觉得更为经典的例子是国图藏BD11731残片和学者所熟知的P.5019《孟姜女变文》的缀合个案,这一缀合成果,不仅增加《孟姜女变文》文本的内容,而且把背面的残图拼合之后,竟然可以释读出一幅相对完整的变相图,所绘正好是与另一面的变文相关的杞梁筑城的情节,为变文的抄写与绘卷相互配合而进行演唱的说法提供了重要的证据,可以说是变文与变相研究的一个重大收获。

大概正是有这样对于写本文献的认识,世田君在审视抄写工整的写本文献时,也能从中看出最终文本形成过程中的一些写本形态,我以为他对《大云经疏》结构的分析,对《易三备》装帧形式的理解和对相关残片的缀合成果,都是因为他对写本古书有动态观察的结果。这一点得益于世田君在国家图书馆善本部工作,得以接触大量敦煌遗书原件。可以说,不重视原件的考察一直是中国敦煌学者研究中的一个弱点,世田君的做法并不是开创性的,而是北京图书馆的敦煌学前辈王重民、向达先生优良传统的继续和发扬。

世田君任职善本特藏部,不可能全心全意地做自己的研究,我们看文集中还有不少关于国图善本部在敦煌遗书的修复、数字化、对其他古籍的调查、保护方面的文章,就可以知道他工作的繁忙,也可以看出他把工作和研究尽可能结合起来的做法。其实,在文集所述之外,我们知道他和他的团队还举办各种讲座、展览、会议,用各种方式来宣传敦煌文献的价值和保护古籍的意义。有些不太"学术"的事情往往是我这样的强调"纯学术"的朋友看不过眼的,经常敦促他尽量多专注于敦煌学研究。看了这本文集,我感到他的成绩不能仅仅以"学术"来衡量,他所继承的北京图书馆的优良传统中,除了学术研究,还有为读者服务这个重要的宗旨。

作为多年的朋友,我很高兴他的文章结集出版,并借他让我作序的机会,写一点拜读他的大著的体会如上。

（2009年6月12日完稿。本书2010年3月由中国藏学出版社出版。）

《向达先生敦煌遗墨》后记

《敦煌余录》是北京大学教授向达先生20世纪40年代考察敦煌时,从当地收藏家手中抄得的敦煌文献,其中包括《六祖坛经》、《神会语录》、《逆刺占》、《毛诗诂训传》、《唐代地志》、《占云气书》、《寿昌县地境》等重要文献,书法工整,有些抄本还用伦敦、巴黎所藏同一文献的其他抄本校过。可惜因为种种原因,这部稿本一直没有整理出版,向达先生也只就其中的《寿昌县地境》写过一篇文章。目前,这些文献的部分原卷已经影印出版,大多数文献也已有标点录文本发表,但向先生当年已经取得的成绩不应当被人们所遗忘。为了忠实记录向达先生在40年代已经取得的成就,我们把《敦煌余录》的稿本依原样影印出版,作为上编。同时,为了让读者了解相关文献的其他整理研究情况,我们在《代前言》中就写本现状、收藏地、后人对该卷的研究情况等,予以说明。

向達先生敦煌遺墨

榮新江 編

中華書局

荣新江编《向达先生敦煌遗墨》

《敦煌余录》是向达先生40年代两次到敦煌考察的成果之一，他此行的其他相关学术成果，分散发表在他的论文集《唐代长安与西域文明》等处。我们把直接与考察有关的几篇文章收集在一起，以便读者了解向达先生敦煌考察的背景和经过。其中，《西征小记》是他两次西行的记录；《论敦煌千佛洞的管理研究以及其他连带的几个问题》是他第一次在敦煌考察过半时的报告和感受。另外，他在考察期间给在四川李庄的中央博物院研究员曾昭燏先生写的29封信，对考察经过及所涉及的学术及其他问题记录尤详，曾发表在《文教资料简报》（南京）上，知者不多，也收入本书。还有他和中央研究院历史语言研究所傅斯年、李济先生的通信，承蒙史语所的同意，我们也过录收入。其他散在《唐代长安与西域文明》之外的有关短文和考察记录，也一并录入，作为下编。

上、下编文字均为向先生敦煌考察成果，故名本书曰"向达先生敦煌遗墨"。

《敦煌余录》稿本由向达先生公子向燕生先生委托周绍良先生整理。1992年初，因随周先生整理敦博本禅籍，先生遂命我连带整理《敦煌余录》。当时以为此事比较容易，并拟先做录文，再写提要，整理工作曾得到北京大学中国传统文化研究中心的资助。但由于许多写本原卷不易见到，所以工作迟迟未能了结。近年来，随着《甘肃藏敦煌文献》的出版，向达先生所录大多数文献已经真相大白，不少文献也有录校本出版，而影印印刷技术的进步，降低了印刷的成本，遂思以影印方式照原样发表《敦煌余录》，这样更能够使人看出向先生工作的认真仔细，其20世纪40年代取得成绩之伟大。

整理工作得到周绍良、向燕生、沙知、祝总斌等先生的支持和指导，在调查敦煌研究院和敦煌市博物馆藏本时，得到施萍婷、李正宇、邓文宽等先生的帮助；调查北京图书馆（今国家图书馆）藏卷时，得到李际宁、尚林先生的帮助；一些文献的定名和定性，得到马克（Marc Kalinowski）和刘屹的指教；曾宁先生（曾昭燏先生侄孙）提供给笔者向达致曾昭燏信的全部复印件，黄征先生百忙中代为影印；南京师范大学《文教资料简报》编辑部谢秉洪先生提供该刊发表全部向达书信并允予收载；王汎森先生同意刊布史语所所藏傅斯年、李济与向先生往来通信，吴政上先生帮忙核对笔者录文；欧阳哲生先生提供第二历史档案馆藏资料；以及赵和平先生前后联系相关人士，余欣同学帮忙校对；又蒙中国敦煌石窟保护研究基金会慷慨资助。这一切一切，既是对向达先生的崇敬之举，也是对整理者的极大支持，谨在此表示诚挚的谢意。

（2009年5月22日完稿于北大朗润园中所。本书2010年3月由北京中华书局出版。）

《新获吐鲁番出土文献研究论集》序

　　收入这部论集中的文章,是我们"新获吐鲁番出土文献整理小组"三年多的研究成果。自2005年10月至2008年4月之间,我们受命整理新疆吐鲁番文物局在过去十年中发掘和征集的吐鲁番出土文献,其成果就是2008年4月由中华书局出版的两册《新获吐鲁番出土文献》。

　　吐鲁番出土文献,内容庞杂,率多残片,号称难治。面对吐鲁番文物局方面的委托,我一度有些犹豫,因为我虽然没有整理过吐鲁番出土文献,但我曾经做过翟林奈(L. Giles)舍弃不做的斯坦因(A. Stein)所获敦煌文献残片的编目工作,知道要给出那些没有前后文、甚至只有半句残文的纸片一个确切的名称,谈何容易;而如果我们只做研究,那我们完全可以选择保存比较完整、内容比较丰富的文书或典籍加以探讨就行了,不必为一个、半个字去耗费精力。可

西域歷史語言研究叢書

中國人民大學國學院西域歷史語言研究所主辦
主編 沈衞榮

新獲吐魯番出土文獻研究論集

榮新江 李肖 孟憲實 主編

中國人民大學出版社

榮新江、李肖、孟宪实主编《新获吐鲁番出土文献研究论集》

是,做学问的人总喜欢探索未知的领域,越是前人没有做过的事情,越富有挑战性。就我个人来讲,接受这项整理新获吐鲁番出土文献的任务,更重要的意义是接受了一项人生的挑战,因为接受这项任务时,我并不清楚我们要整理的文献都是什么样子的。受学者本能驱使,我立即放下原本拟好的隋唐长安研究计划,全力以赴投入其中。

面对数百件内容庞杂的各类文献,个人的力量是渺小的,集体的力量是强大的。我们以北京各学术单位的中青年学者为主,加上我和孟宪实指导的博士生、硕士生,成立了松散的"新获吐鲁番出土文献整理小组",以"吐鲁番出土文献读书班"的形式每周六在北京大学中国古代史研究中心工作,不时也有一些外地进修教师和不属于整理小组的研究生参加读书班的研读,一些外地的学者也加入到我们的队伍,用现代化的通讯手段参与整理工作。读书班成员抱有集体主义的信念,在班上开诚布公,畅所欲言,校录、整理、研究文献时,有分工,也有合作。我们整理小组的工作基地在北京,部分成员远在乌鲁木齐、广州、上海等地,即使身处北京的,也不都在一处,而且,三年间有的成员出国深造(分别在美国的哈佛大学、日本的京都大学、英国的剑桥和伦敦大学)。尽管我们是一个具有很大流动性的集体,但我们的心始终因新获吐鲁番文献而联结在一起,有时为了填补一个字，我们也会通过电子邮件等方式，争论得不可开交。

我们深知要给每件残片定年、定时、定性，仅仅从保存的文字上来推断是远远不够的，只有参考传世史料、已出土的吐鲁番敦煌文献，以及相关的考古资料，加以深入细致的研究，才能够接近理解那些残片的内涵。因此，我们在初步校录了写本上的文字后，即根据个人所学的专业，分工进行相关文献的研究。这本论集所收录的文章，就是我们专门为了整理新出文献而撰写的论文，因为文章都写在《新获吐鲁番出土文献》出版之前，所以包括了文章所研究的文献的录文。值得一提的是，因为《新获》秉承唐长孺先生主编的《吐鲁番出土文书》的体例，不填补残片上没有的文字，所以我们这些研究论文中的录文，许多地方有对原件缺失文字的推补，这在某种意义上是优于《新获》的录文的。本论集结集的一个目的，也是集中提供给读者这种增补后的文献录文。

虽然我们的论题由于文书的残破而被割裂成几个部分，但我们的单篇论文集合起来，构成一个整体，集合成我们整理小组对于吐鲁番学研究的学术贡献：对于高昌郡时期的文献，我们整理揭示了现存最早的纸本户籍文书；根据北凉的《冥讼文书》探讨了中古前期民众冥界观念的发展；对于北凉时期高昌郡的郡县制度、文书制度以及计赀出丝、计口出丝的赋税制度，都有了较前人更新的看法。由于张祖墓丰富文书的发现，我们基于这些文书，对阚氏高昌时期的郡县城镇的建立与分布；对阚氏高昌的对外交往、赋役制度以及当时流传的儒家和术数典籍及其来源进行了考察，填补了过去高昌史研究的空白。虽然相对来讲麹氏高昌国的史料较少，或我们的研究尚不充分，但有关唐朝时期的各类公私文书，让我们对于从中央到地方的政务运作、文书运行有了进一步的认识；对于府兵"番上"、客馆运营、勾征审计等唐朝制度有了更新的理解；我们还用新出文书填补了诸如哥逻禄部落破散、垂拱年间西域形势、怛逻斯之战等西域史事的空白或为其增补了"历史的细节"；新出的日历文书不仅有历法史的意义，也有助于唐令的复原；而我们从习字残纸上发现两首古诗，不仅提供了隋代的佚诗，还具有整理吐鲁番文书方法论上的意义。当然在此我不可能面面俱到地罗列我们研究的成果，但应当说我们回应了新获吐鲁番出土文献给我们提出的挑战，做出了自己力所能及的贡献。

当然，我们也有本身不可克服的局限，虽然我们虚心求学，也请资深的吐鲁番学专家为我们把关，但由于学有不逮，错误之处难免，诚恳地希望方家予以指正。应当说明的是，文章收入本书时，基本未作大的改订，只是增加了所用文书在《新获吐鲁番出土文献》中的页码，只有个别文章根据学者发表的书评和论文,略做改动或回应,不当之处,敬请赐教。

（2009年6月26日完稿。本书2010年11月由中国人民大学出版社出版。）

姚崇新《中古艺术宗教与西域历史论稿》序

　　姚崇新从广州寄来他的书稿,征序于我。这里面的文章,过去大多数都读过,这一阵重新翻阅,倍感亲切。全书分为四编:第一"考古发现与中古佛教艺术",主要是有关佛教造像等佛教艺术方面的论文;第二"汉传佛教的周边考察",所收文章内容以高昌佛教为主,兼及吐谷浑和北凉的佛教;第三"西域胡人及其宗教",文章特别讨论巴蜀地区的粟特、波斯人和祆教遗迹;第四"中古吐鲁番的历史与社会",内容涉及高昌政治史、中外医药文化交流和唐代西州的地方教育。琳琅满目,美不胜收。

　　崇新是我的第一个硕士,从吐鲁番市博物馆考来北大,与北大许多天之骄子相比,学问的根底不是很好。但他肯下功夫读书,而且勤于思考,从吐鲁番文书出发,以中外关系史为大的背景,关注学术的许多方面,所以路子也越走越宽。他后来跟从马世长先生

· 中山大学人类学文库 ·
ZHONGSHAN DAXUE RENLEIXUE WENKU

中古艺术宗教与
西域历史论稿

姚崇新 ◎ 著

**ZHONGGU YISHU ZONGJIAO YU
XIYU LISHI LUNGAO**

商务印书馆
The Commercial Press

姚崇新《中古艺术宗教与西域历史论稿》

攻读佛教考古的博士,深入考察四川广元石窟寺,也曾参加云南剑川石窟的调查,在学期间得到宿白、杨泓、罗𬬻等先生的点拨指教。毕业后在岭南的中山大学人类学系工作,又有机会到美国哥伦比亚大学长时间进修,与于君方教授探讨佛教义理与佛教艺术。他由历史到考古,由考古到艺术史,一步步地拓宽自己的学术领域。

吐鲁番是崇新步入学术的出发点,我选择高昌国的佛教和佛教教团作为他的硕士论文题目,他由此出发,持之以恒。大约十年后,他又有机会参加我主持的"新获吐鲁番出土文献整理小组",对于高昌佛教有了新的认识。他近年来对于唐代西州的教育撰写了系列文章,也填补了吐鲁番学的一项空白。

从中外关系史的角度出发,又有了佛教考古学的知识背景,崇新从吐鲁番走出来,进入佛教艺术领域,对青州出土北齐造像、成都出土南朝造像等,都发表了自己的看法。又从佛教进入祆教领域,对于巴蜀地区的胡人和火祆教遗迹做了系统的探讨。

学术是个巨大的网络,许多看似无关的学问,其实中间都有网线相连。一个人的学问也是从点做起,然后从一个点向其他点延伸,如果你的功力达到了另一个点,你就能把两个不同点的学问贯通。这样一个点、一条线地不断贯通,不断扩大,就逐渐地构建起一个人的学问网络。有的人会在一个网格中编织极其细密的子网络,有的人善于纵向地连接历史的脉络,有的人则更喜欢横向地架构东西文明间的链条,无论哪一种,都是从一个个体出发,去构建一个以他本人为中心的局域网,他对于这部分的学术贡献,也就被凝聚在整个的学术网络中了。崇新的这部专著,既是在构建自己的学术网络,也是对许多学术领域的贡献。

我平日和崇新联系较多,看着他天南地北,东西驰骋,渐渐从吐鲁番的故纸堆里走出来,由西北到西南,又由西南到东南,一路洒下汗水,凝聚成文章中的闪亮结晶。我看到他的成绩,感到无比欣悦。

学问之路也是人生之路,我知道这部书的背后是崇新付出的许多艰辛,但它的出版,必将为他开启更为广阔的人生道路。

崇新与我,年岁相差无几,谊在师友之间。以上碎语,聊以共勉,是为序。

（2010年1月26日完稿于大阪。本书2011年5月由北京商务印书馆出版。）

毕波《中古中国的粟特胡人——以长安为中心》序

历史的车轮进入21世纪以后,有关中国的学术研究真的可以说是"百花齐放","百家争鸣"。在古代中外关系史的领域里,从史前人种迁徙流动的追踪,到明清西洋传教士行事著述的深入探讨,从《井真成墓志》引起的日本学界的冲动,到"郑和舰队远航非洲"激起的东西学界的巨大波澜,可谓丰富多彩,应接不暇。随着虞弘、安伽、史君、康业等入华胡人首领墓葬的集中发现,使得中古中国的粟特人一时成为东西方学术界聚焦的热点,在世界各地,一个接着一个的展览不断开幕,一场又一场的研讨会陆续召开,一篇接一篇的论文纷纷发表,各国学者各有专攻,在考古、历史、语言、宗教、美术等方面各逞其能,把世界范围内的粟特研究推向高潮。

当2002年毕波从北大东语系考入北大历史系跟从我攻读博士学位时,正好是有关粟特的文物、图像、

西域历史语言研究丛书

中国人民大学国学院西域历史语言研究所主办

主编 沈卫荣

中古中国的粟特胡人

以长安为中心

毕波 著

中国人民大学出版社

毕波著《中古中国的粟特胡人——以长安为中心》

石刻资料缤纷出世、绽放异彩的时期。作为导师的我其时一方面投入部分精力于粟特的研究,一方面带着隋唐史专业的研究生正在读长安史料,于是就选定长安的粟特人作为毕波的博士论文题目。

中古时期的长安,无疑是入华粟特胡人最大的活动场域。20世纪30年代,向达先生就在《唐代长安与西域文明》中,根据传世史料和部分碑志,对长安的粟特胡人做过深入的探讨。此后也不断有学者关注,但大多属于个案的研究。毕波在系统收集传统文献、敦煌吐鲁番文书、石刻碑志、粟特语文献等资料和前人研究成果的基础上,利用中外关系史和中国古代史两个学术领域的成果来展开论述,更加细致地考察了长安粟特人的活动。她以极其细腻的笔法,把粟特人在长安活动的历史,上溯到北周时期,揭示了不少北周都城长安胡人活动的面相,使我们对于隋唐长安胡人与北周都城胡人的渊源关系有了新的认识;她利用隋唐政治史和制度史的研究成果和方法,对于入仕长安的粟特人的不同类型做了非常细致的分析,这是对此前长安和粟特研究向纵深的极大推动;书中还利用社会学的理论和方法,从外来移民的角度分析进入长安的粟特人,因而对长安粟特人的移入、迁出,以及胡人聚居区的形成和演变、祆祠这样的宗教设施在聚集胡人民众上的作用和意义,都给出了自己富有逻辑性的解说。目前学界中有"泛粟特论"的倾向,作者在利用墓志、图像等材料时十分谨慎,话说的有分寸,尽可能不把史料所提供的信息放大,其所论可以信赖。

毕竟,关于粟特的研究是一门国际性的学问,中国在这门属于"伊朗学"(Iranian Studies)的一个分支的研究方面,已经落后于西方和日本不知多少年,要赶上国际学术的水准,就要充分吸收西方和日本学者的研究成果。为此,毕波在学期间,远渡重洋,在法国远东学院(EFEO)的支持下,去巴黎收集资料,得到法国友人黎北岚(Penelope Riboud)博士的热心帮助,而且有机会向粟特考古学的权威葛勒耐(Frantz Grenet)教授、粟特研究专家魏义天(Étienne de la Vaissière)博士问学,并与逗留巴黎的日本年轻粟特学人影山悦子切磋交流。

毕业后,在教学之余,毕波一面修改论文,一面扩展知识结构。在中国人民大学国学院的大力支持下,三度前往伦敦、剑桥,随世界级的粟特语权威辛姆斯—威廉姆斯(Nicholas Sims-Williams)教授学习粟特文,并共同合作整理中国近年来新发现的粟特语文书,其读出尼雅出土粟特文书中的"苏毗",又完成和田出土粟特经济文书的整理,将刊《美国东方学会会刊》(JAOS),成绩可嘉。现在,毕波的第一本专著即将付梓,因略述近年来"粟特学"之进展与毕波所做的贡献如上,是为序。

(2011年5月9日完稿。本书2011年5月由中国人民大学出版社出版。)

《敦煌文献·考古·艺术综合研究——纪念向达先生诞辰110周年国际学术研讨会论文集》后记

一、会议缘起

这次会议本来是个很小的计划,因为最近若干年来,段晴老师和我与国家图书馆古籍馆善本部的专家一起,陆续帮助国图购买了几批各种语言文字的和田出土文书,其中以于阗文为主,也有不少汉文文书和梵文写本,还有一些佉卢文、藏文文书等。去年上半年,我们与国图善本部同仁讨论,开始从北大东方学研究院和中国古代史研究中心两个教育部人文社科基地申报教育部重大研究项目,段老师负责胡语,我和林世田先生负责汉语文书,分别与国图善本部的科研人员合作,进行和田出土文书研究,因为这批文书中的汉文文书较少,所以我和林世田先生负责的部分也包括国家图书馆未刊和新刊的一些敦煌文献。在

敦煌文献·考古·艺术综合研究

纪念向达先生诞辰110周年国际学术研讨会论文集

樊锦诗 荣新江 林世田 主编

中华书局

樊锦诗、荣新江、林世田主编《敦煌文献·考古·艺术综合研究》

讨论项目设计的时候,计划在一年后召开一次小型的研讨会,作为一个中期成果。

此后不久,沙知先生几次找我,建议第二年召开纪念向达先生诞辰110周年学术研讨会。我们觉得向先生主要的工作单位一是国图(北平图书馆),一是北大,我们一起合作来开个研讨会,纪念向达先生,推进学术研究,是非常合适的事。在开始考虑筹备会议的时候,我们感到这个会议离不开敦煌研究院,虽然向达先生没有在敦煌艺术研究所工作,但敦煌莫高窟的收归国有、艺术研究所的成立,都和向先生息息相关。这个提议立刻得到樊锦诗院长的大力支持,所以很快形成了由林世田、张先堂、孟彦弘(沙先生的代表)和我为主的筹备组,会议的规模随之扩大,会议的主旨也就更多地倾向于纪念向达先生的学术遗产。

二、向达先生的学术遗产

向达先生原本做中外关系史,到北平图书馆以后,学术规模扩大,20世纪30年代发表《唐代长安与西域文明》《唐代俗讲考》,而且我们今天从徐俊先生的文章中又知道,他还计划翻译一套《西北考古译丛》。记得在80年代初,谢方先生曾拿来向先生的一部译稿咨询张广达先生是否值得出版,这是题作"勒柯克高昌考古记"的复印件,说明向先生当年是做出了许多成果,但这个稿子里面确实有很多专名空着没译,而且用的是文言文,所以最后没有整理出版。由此我们看到,30年代向先生的学术贡献和雄心都很宏阔,在中外关系和敦煌学方面都已有十分丰厚的贡献。以后作为北平图书馆的交换馆员到英国图书馆,调查敦煌文献,但受阻于翟林奈,没有达到应有的目的,学问未得发挥,转而抄录明清中外关系史料和太平天国史料。我们知道,解放后金毓黻主持编集的《太平天国史料》,其中许多重要的材料就是向先生在伦敦抄录的,所以他在这方面也有很大贡献。向先生这一代学者的训练都很好,所以他并没有因为看不到敦煌文献而没有取得自己的学术成果。向先生回国后,在40年代艰苦的条件下,两次到敦煌考察,走出考古、文献相结合的敦煌学正路。我们从收入《向达先生敦煌遗墨》的《敦煌余录》中,可以看到他在敦煌过冬的情形,因为没有拿到考察经费,他只好借助一件破旧的羊皮大袄过冬,在抄敦煌卷子时,墨经常冻住,可见他是在相当艰苦的条件下熬过来的。我们知道,王重民先生和向达先生是那个时代中国敦煌学的两位领军人物,但王先生基本是文献学,向先生由于没能在文献方面得到发挥,转而去敦煌调查,反而走出了一条更为宽广的敦煌学的道路。在他此次考察以后的一系列研究成果中,对于敦煌石窟艺术东西方影响的研究,也是具有敦煌学方法论意义的论述,特别是《莫高榆林二窟杂考》,可以说是一篇敦煌学的纲领性文章。樊锦诗院长在本次会议的主旨发言中，对此有透彻的阐述。樊院长的发言，既是对此前敦煌学的一个总结，更重要的是借总结向达先生的学术贡献，结合樊院长自己多年在敦煌实地研究的经验，指明了敦煌学今后的发展方向。感谢樊院长的这篇主旨发言，对本次研讨会的学术含量推进了一大步。

三、追思向达

本次会议由于何兆武、金维诺、邓锐龄、沙知、宁可、蔡美彪、白化文、程毅中、萧良琼、周清澍、郑克晟、何龄修、徐自强、贺龄华、陈智超、郝斌、诸天寅等老一代学者的参加而提高了档次，在主持人柴剑虹先生的引导下，他们的发言让我们领略了向达先生的治学风采、行事风格，也道出许多学界罕知的掌故。比如关于陈寅恪，有的先生告诉我们，五六十年代真正自费去看陈先生的，只有两个人，一是吴宓，一是向达。吴宓的日记保留下来，但向先生的记录没能得到保留。通过这些老先生的回忆，使我们得知这些珍贵的史实，也让我们了解到在那样艰难的生活环境和政治环境下，向先生他们仍然做出了那么多坚实的成果。在正式提交的会议论文中，我们又得到很多有关向达先生学术事迹的补充，如徐俊先生谈到的中华书局保存的向先生30年代书信的内容，罗丰先生和胡素馨教授根据中研院史语所的档案挖掘出来的关于西北科学考察的一些细节内容,徐文堪、冯锦荣、吴芳思诸位先生关于他在南京、伦敦和北平时期的一些事迹,都披露了很珍贵的材料。

四、会议的学术成果

本次会议在敦煌学方面取得了许多丰硕的成果,粗略归纳,有这样几个方面:

1. 一些文章是直接接续向达先生的学术成就而发扬光大的,如殷光明先生关于敦煌墓葬考古的文章,对敦煌考古有推进作用。可以预期,敦煌考古实际上将是一个相当有前景的方面。另外,黄正建先生关于向先生所录《逆刺占》,刘屹关于通过向先生录文而保留的道教佚经写本,王素关于向达先生所摄《诗经注》的研究等等,都是直接站在向先生的学术肩膀上,又往前推进了一步。

2. 一些学者在向达先生开拓的考古艺术与历史文献结合的道路上继续深入研究。我们主办方并没有特别要求大家提交哪方面的文章,但许多学者大概还是考虑到这一点。如郑阿财先生、朱凤玉老师在佛教文献和通俗文学作品的研究中利用了图像的材料,郑炳林先生讨论的文本本身就是图文并茂的材料,而罗世平先生、刘永增先生、张先堂先生都是以图像为主和文献为辅,对敦煌石窟艺术研究的新贡献。朱丽双博士和我的文章则是有意识地力图发挥向达先生倡导的研究方法，用图文互证的手法来考察于阗八大守护神。

3. 向达先生的很多敦煌学研究论著都明显地带有东西文化交流的色彩，我们的研讨会在这方面也有所发扬光大。如吴丽娱先生本来是做纯粹的中国礼制，这次则是谈胡人披发风俗，我想大概是因为她考虑到向先生探讨过长安胡化问题的缘故吧。张元林先生的文章把敦煌的日天、月天和西域、波斯联系起来，因为1949年以后大陆受左倾思潮的影响，不敢提敦煌的外来影响。一些论著在谈到敦煌石窟艺术的渊源时，更多地是强调东面的影响，即中原的影响，如凉州的影响、云冈和龙门石窟的影响、道教因素的进入等等。这些方面绝对是正确的，但是忽略了《莫高榆林二窟杂考》所讲的西域的影响，所以我们可以看出樊院长的主旨发言也是在这方面多用了篇幅。西域的影响过去都交给日本学者去研究了，但是日本学者强调的这条从巴米扬到龟兹到敦煌的路是不是正确呢？我个人觉得，要考虑丝路南道的影响，比如于阗和米兰，这些地方和敦煌那么近，难道没有关系吗？至少从我们这次提交会议的八大守护神来看，我觉得这些方面是非常值得继续探讨的。另外，沙武田先生谈粟特人的开窟造像的问题，我想也是受近年来探讨粟特热潮的影响，所以重新去看这样的问题。结论不是最重要的，但方法论十分重要。再如余欣谈宝

物的东西交流等,都是从东西文化交流的角度来讨论
对敦煌的影响。我想这方面将来当有更多的进步。

4. 向达先生敦煌学研究的继承与开拓。这些方
面较广,张德芳先生用汉简大大推进了我们关于汉代
敦煌的知识,一下子排出这么多敦煌太守,将来贴进
去事迹,汉代的敦煌历史就出来了。段晴老师、刘文
锁先生、陈怀宇关于于阗文献的研究和比证,代表了
敦煌学的扩展。段老师的文章给我们非常新的感觉,
语言学能做到这么细,一撇一勾能看出它们的差异,
这是过去我们国内的敦煌学没有的东西,这些方面代
表着敦煌学的拓展,而且不仅是对中国敦煌学的拓
展,更是对世界敦煌学的拓展。这方面也包括刘文锁
先生有关于阗文占卜文献的研究,我想这篇文章其实
是利用了秦汉日书研究和近年来敦煌汉文文献中的
占卜文书的研究成果。于阗文、佉卢文和吐火罗文文
书里面选择、禄命类的占卜文书表现的是中国传统的
思想,西方的伊朗学家和语言学家并不了解。这方面
将来当有很大的天地,所以说这不仅将是中国敦煌学
的进步,也是世界敦煌学的进步。再如林世田、刘波
两位先生对和田出土的汉文疑伪经的研究,这是我们
课题组成员的一项研究成果。这篇伪经是当地写的
文献,所以非常有意思。李际宁先生关于小字本《法
华经》的年代判读,可以作为定论,这是对向先生印刷
史研究的推进。孟宪实先生从社文书的研究,推进到

今天学界关注的"书写"问题上。这两篇文章可以说是关于书籍史的重要篇章。向先生那个时代的书籍史，主要还是版本目录学，今天的书籍史已经进入社会层面。此外，如杨秀清先生关于儿童图像，可以归入儿童史研究。姚崇新、雷闻的文章是我们此前进行的"新获吐鲁番出土文献"研究的延展。孟嗣徽女士则把敦煌壁画研究延续到对山西壁画的考察，颇有分量。还有赵和平先生关于写经中的重要人物慧立的文章，他说写这个题目是因为学生要纪念老师，所以选慧立和玄奘的事迹，有一点纪念的意义在里面。其实这里面还有一层意义是，《玄奘传》第一次译成汉语之外的文字是回鹘文。他这篇文章的题目虽小，但对于我们经常研究长安的人来说，所探讨的可是件大事，如其中谈到的武则天家族和长安寺院的布局等。敦煌文献的内容的确非常丰富，其中有相当多的文献其实并不是敦煌文献，而是长安文献。我们的长安读书班也在读敦煌文献，是读里面长安的内涵。萨仁高娃老师这次关于《圣教序》的文章，在我看来也是属于这样的长安文献。其实扩大到谢继胜先生的八塔变、沈卫荣先生关于拉达克发现的与敦煌禅籍有关的藏文经典，都跟更广阔的敦煌学术研究有关。因为时间关系，我们没有来得及请日本学者与会。杨富学先生在沙州回鹘的问题上激烈地回应了森安孝夫先生的看法，可惜没有对话。所以我们希望赶快把他的文章发表出来,来看看森安先生的反应。总之,这些文章是对相关敦煌学研究课题的推进。比如沈卫荣先生关于《禅定目炬》的研究已经做了很多年,这些东西藏学界一直关注,内容非常重要。这些在拉达克列城的寺院里发现的东西,内容与敦煌藏文禅宗文献一致,而且比敦煌的更完整,只不过抄本很难读,做起来不易。我过去虽有耳闻,但这是第一次听到这么详细的说明。在敦煌学史方面,除了向先生的事迹外,朱玉麒、史睿补充了两个为人忽略的重要人物,王树枏和董康,他们其实是敦煌学史里面非常重要的人物。

今年有好几场敦煌学术研讨会,三月在杭州,八月在敦煌,我们在中间,感谢大家的支持,在这么频繁的学术研讨会的中间,贡献了超出我们预想的成果,使得本次研讨会圆满成功。

最后,我代表筹备组感谢国家图书馆、敦煌研究院、北大历史系三个单位的支持和帮助,感谢中国敦煌石窟保护研究基金会的大力赞助。感谢国家图书馆古籍馆的工作人员,感谢北大历史系的研究生的劳动。

（朱丽双根据2010年6月17日发言录音整理并经作者校对,载樊锦诗、荣新江、林世田主编《敦煌文献·考古·艺术综合研究——纪念向达先生诞辰110周年国际学术研讨会论文集》,2011年12月由中华书局出版。）

王媛媛《从波斯到中国：摩尼教在中亚和中国的传播》序

　　公元3世纪创建于波斯地区的摩尼教,可以说是一个"世界宗教的宗教"。摩尼把琐罗亚斯德教、佛教、基督教的一些说教都糅合到自己的"二宗三际"论中,再加上摩尼及其弟子们能写会画,使得这个晚出的宗教能够在几乎被其他三种"世界宗教"所覆盖的大地上,流传开来。但是摩尼教义对于现实世界的否定,注定了它的命运不佳,于是教主殉难,教徒四散而逃,从波斯到中亚,从中亚到中国,在武周和开元时期,曾经在中原地区流传。以后又开教回鹘,盛行于高昌,流转于东南沿海地区,一直到"大明"王朝,还有它的影子,而直到民国年间港台地区的黄历上的"蜜"字,也可以说是摩尼教的残迹吧。

　　正是这样的缘由,摩尼教的传播史,也就成为中外文化交流史的一个重要组成部分。自1911-1913年沙

国家社科基金
后期资助项目

从波斯到中国：摩尼教在中亚和中国的传播

From Persia to China: The Spread of Manichaeism
in Central Asia and China

王媛媛 著

中华书局

王媛媛著《从波斯到中国：摩尼教在中亚和中国的传播》

畹、伯希和翻译敦煌出土摩尼教残经并系统阐述摩尼教流行中国史事,1923年陈援庵发表《摩尼教入中国考》,到1987年林悟殊出版《摩尼教及其东渐》,加之国内外学人的拾遗补阙,似乎摩尼教东渐史已经剩义无多。

然而,20世纪初叶以来,东方的吐鲁番、敦煌发现的帕提亚文、中古波斯文、粟特文、吐火罗文、回鹘文、汉文的摩尼教文献残卷,以及在北非发现的科普特文、希腊文、拉丁文和叙利亚文摩尼教文献,陆续整理、翻译出来,最近二三十年成绩尤为显著,可以让我们从摩尼教自身的文献中来探讨摩尼教的流传史了。所以,当2001年9月王媛媛来求学的时候,我看她外语好,悟性高,肯用功,就给了她摩尼教从中亚到中国流传史的旧题目,以及一批近二三十年西方出版的有关摩尼教的新著作,希望她做出的论文能推进这方面的研究。

王媛媛硕博连读,中间克服了"非典"的影响,2006年顺利完成了博士论文,现在又加以增订,从博士论文发展成专著。本书虽然也以摩尼教的传播史为线索,但她对于史事的讨论是植根在对摩尼教教义、摩尼教仪式、摩尼教的教规等宗教内涵的理解之上的。为此,她通读了大量西方学者对于摩尼教原典的翻译,只要看看她那些标注了页码的大量西文论著就可一目了然。她在根据英文、德文翻译摩尼教经典时,都对照了摩尼教中亚写本的拉丁转写,因此也改正了克林凯特(H. -J. Klimkeit)英译本的一些错误。

　　在博士论文的答辩会上，一位正在研究祆教葬俗的老师忽然发问，摩尼教的丧葬情况是怎么样的？这个问题与她的博士论文完全无关，但老师是有权利问这样的问题的。只听媛媛原原本本地娓娓道来，详细地阐述了摩尼教的丧葬规定，那位老师听后说：我没有问题了，你可以毕业了。日本著名粟特语和摩尼教专家吉田丰教授看了王媛媛的博士论文后对我说，王媛媛大概是中国、日本所有东方学者中少有的几位真正懂得摩尼教教义的人，在海外研究摩尼教并对摩尼教教义有深入理解的业师张广达先生也有同样的评价。

　　每次到吐鲁番，在夕阳的照耀下，我总是望着那干燥的土地遐想：在一千年前，这里的摩尼教高僧，能够在这片佛教流行的焦灼土地上，把先知摩尼的"二宗三际"思想弘扬开来，他们一定经历了我们无法想象的艰难险阻。一千年后，虽然那些精美的插图本典籍大多已经残缺不全，但由于数以万计，各种语言的文献相互补正，通过学者们近百年来的不懈努力，这些残片中蕴含的摩尼教义已经渐次表白出来。通过王媛媛的这本专著，读者不仅可以清晰透彻地了解到摩尼教从波斯到中国的历程，而且还可以通过她精准的译语，来理解摩尼教的教义和仪轨。学术的积累和传承就是这样薪火相传，代代不息的。

我虽然收集了不少摩尼教的研究著作,但无暇细读,于摩尼教教义所知甚少。今天看到王媛媛的专著杀青付梓,而她现在又执教于中山大学,可以随时得到摩尼教专家林悟殊先生的教诲,我感到无比欣慰。这里略述摩尼教东渐研究脉络,以及她从我治摩尼教史的缘由,聊以为序。

　　(2009年12月25日完稿于大阪。本书2012年5月由北京中华书局出版。)

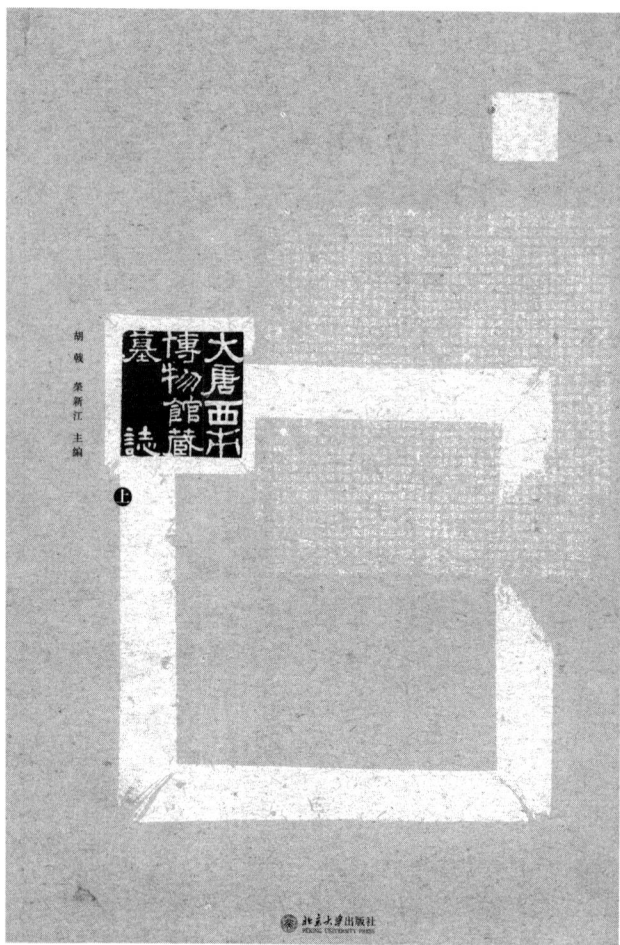

胡戟、荣新江主编《大唐西市博物馆藏墓志》

胡戟、荣新江主编《大唐西市博物馆藏墓志》后记

　　大唐西市博物馆从建立伊始，就注意保存文化遗产，在胡戟先生的主持下，陆续征集到约五百方墓志。为使这批珍贵资料尽快为学界所知并为今后的学术研究提供素材，胡戟先生希望北京大学中国古代史研究中心与大唐西市博物馆合作整理这批墓志。我们非常愿意承担这样的学术工作，并在中古史中心立项，但考虑到墓志数量可观，内容丰富，我们建议邀请北京各学术机构共同参与这项工作。2010年11月，胡戟先生来京，在北大中古史中心召开了大唐西市博物馆藏墓志整理工作第一次会议，与会者有来自北京大学、中国社会科学院、中国人民大学、中央民族大学、国家图书馆、首都师范大学等单位的学者，大家同意分工协作整理这批墓志资料。

　　会上按现有墓志的年代排序，分成十个小组，大

致一组负责约五十方墓志的录文、标点工作。其中，北大中古史中心和历史系的罗新、叶炜负责北朝至隋代约三十方；人民大学国学院孟宪实负责唐高祖、太宗、高宗时段的前半约四十方，首都师范大学刘屹、游自勇负责此时段后半约四十方；人大历史学院刘后滨负责武则天至睿宗时期五十多方；北大中古史中心朱玉麒和国图史睿负责开元、天宝时期约一百方；肃宗至敬宗时期的一百方，民大李鸿宾负责前半，社科院历史所黄正建、孟彦弘、吴玉贵负责后半；而文宗以后九十余方，也归历史所负责。西安方面已组织录文的近五十方，仍由胡戟先生负责。各组负责人召集本单位的年轻学者和研究生，一起会读校录。有的小组之间是一起会读，如社科院历史所三个组和北大、国图组；有时是不同机构的学者参加其他组的会读校录。

经过大半年的时间，各组形成了各自的録文初稿。在2011年的暑期，部分小组冒着酷暑到西安，在大唐西市博物馆清凉的地下仓库中，核对在北京工作的图片上看不清楚的文字，取得不少进步。随后的半年里，各组组长又分别看了其他组所负责的墓志录文，交叉互校。社科院历史所吴丽娱研究员自告奋勇地校读了其他组的许多录文，以其丰富的学养，多有订正。与此同时，我们在北大中古史中心举办"唐代碑志与唐代社会"读书班，主要讨论各个小组成员在整理墓志之后撰写的相关论文，其中部分论文发表在同年底出版的《唐研究》第17卷上。

在大唐西市博物馆那边，胡戟先生组织人力，对墓志进行清理、捶拓、缮录，核对志石与志盖的对应关系，丈量尺寸，辨别真伪，解释纹饰，品评书法，并独立撰写每篇墓志的解题。现在本书所收录的所有解题，就是出自胡先生一人的手笔，其中不仅叙述志主及其祖、父辈的历官和重要事迹，还把一些墓志中特别的警世之语表彰出来。在墓志的整理过程中，胡戟先生还不辞劳苦，多次往返于西安、北京之间，指导北京方面的工作。

进入2012年以后，各组的录文先后定稿。由北大中古史中心朱玉麒、史睿（时已调入北大）和我同时各自对照图版通校一遍。另外，由于疑伪等原因，对新增的大约三十方墓志加以释录和反复校对。我们再次勾勒出图片上看不清楚的文字，6月中旬课程一结束，史睿和我带着三位学生再次来到西安，核对原石和拓片，又改正或补录出一些文字。随后，书稿进入排版阶段，胡戟先生来到北京，与我们一起校对排出的校样，并和出版社的编辑一起多次在中古史中心会读，讨论解决书稿中的问题。

在此，我仅代表胡戟先生和我本人感谢大唐西市博物馆的领导和工作人员，对墓志的收集整理所付出的努力，以及对北京方面的学者去考察时给予的帮助；我们也要感谢北京、西安两地参加墓志释读的学者和学生们，没有大家的努力，这样一部带有录文的大型墓志合集是不会在这样短的时间内面世的；我们特别感谢朱玉麒教授帮助我们协调各组人员的工作，联络西安、北京两地，协同会战，并主持"唐代碑志与唐代社会"读书班；在众多帮忙的学生当中，我们特别感谢北大历史系硕士研究生郭桂坤同学，自始至终承担所有图版的核对、目录与索引的编排、年代及军府名称核对等等具体事宜；另外，兰州大学吴炯炯同学和北大徐畅、田卫卫同学在全书的世系、州县地名、坊里等专项校读以及电子文本的随时更正方面做了大量工作，贡献至多，也要非常感谢。

我们感谢北京大学出版社典籍部主任马新民先生和责任编辑武芳与翁雯婧两位女士，她们认真负责的精神和细致的工作避免了我们的一些失误。

墓志文字看上去很整齐易辨，实际上要精准地录出来并非易事。我们大家已经尽力了，但错误在所难免，敬请方家指正。

（2012年8月30日完稿。本书2012年9月由北京大学出版社出版。）

广中智之《汉唐于阗佛教研究》序

　　1999年,广中智之君带着池田温和加藤九祚两位先生的推荐信来找我求学,池田先生是东京大学教授,与我非常熟悉;加藤先生的名字早已在很多书上见到过,是中亚考古的专家,特别对前苏联的考古发掘与研究了如指掌。虽然对广中君不是那么了解,但有这么两位大专家的推荐,我毫不犹豫地就接受他来读我的博士生了。听北大研究生院的老师讲,虽然有很多日本学生来进修,真正来读北大的博士生的并不多,所以他们也非常欢迎广中来北大学习。

　　广中君的目的很明确,要研究于阗佛教,他一定是看了张广达先生和我合著过《于阗史丛考》而来的。其实,我是一个历史学者,对于于阗佛教的讨论都是从历史的视角来进行的;而广中君来自日本的佛教大学,我相信他一定能够做得更加深入。佛教是于阗研究的重中之重,他能来做这项研究,也是我本心

国家社科基金重大委托项目
《新疆通史》研究丛书

《新疆通史》编撰委员会◎编

汉唐于阗佛教研究

广中智之 ◎ 著

新疆人民出版社

广中智之著《汉唐于阗佛教研究》

所热切期待的事情。

汉唐之间的于阗,是西域南道的大国,也是大乘佛教的学术与传播中心,中原盛行的大乘佛教有不少经典或思想就来自于阗,从三国时曹魏的朱世行,到唐朝的实叉难陀,有的去取经,有的来传法,都给中原的大乘佛教不断灌输着新的思想,带来新的学说。从龟兹、焉耆、高昌发现的胡语佛典,如《赞巴斯塔书》,也表明于阗佛教对西域北道各国产生的影响。藏文大藏经中保留了数部有关于阗的预言类佛典,多部西藏佛教史中都用一定的篇幅来讲于阗的佛法流行,敦煌保存的汉藏文佛典说于阗佛法灭尽之后,佛教僧侣的出路是吐蕃的赤面国。这些在在地说明于阗佛教的伟大和影响深远。

然而,于阗佛教的研究并非易事,因为除了传世的汉文、藏文文献外,还有从19世纪末以来当地陆续出土的大量梵文、于阗文、汉文、藏文的佛典残片,这些残片经过一个世纪东西方学者的研究,大多已经解读、比定出来,但有关研究文献是用各种语言所写,而且收集不易,阅读也不那么简单。

广中君不畏艰难,也利用可以在中国、日本各学术单位自由游走的条件,耐心细致地收集资料,以日本学者传统的细腻做法,巨细不遗,竭泽而渔,几乎把有关于阗佛教研究的东西方文献网罗殆尽,包括过去我不太能够充分掌握的俄文研究论著,读者只要看看书后所附《研究文献目录》，就可以看出作者用功之勤。

在完整掌握已知传统文献和出土写本的基础上，广中君大致依年代顺序，详细描述了汉唐间于阗佛教历史和佛教文献的整体面貌。我在阅读他的博士论文的时候，时常感到他的描述极其仔细，但推论不多，有时建议他是否能有所展开，但他并没有接受我的建议。我想这正是广中君的真实想法和行文风格，他有着佛教圣徒般的虔诚，有着佛教的施舍精神，他希望自己所做的工作是给今后的学者铺路，他自己只是用苦行的方法给别人做前行的路石。

现在看到这部以博士论文为基础增补而成的《汉唐于阗佛教研究》，我由衷地感到高兴，因述与本书相关的学术因缘如上，是为序。

（2012年8月21日完稿于乌鲁木齐。本书2013年1月由新疆人民出版社出版。）

王静《中古都城建城传说与政治文化》序

从秦汉到唐宋,中国中古时期的各个朝代的都城,无一不是一个王朝的核心所在。国都既是坚固的物质性建筑,其间聚集着皇家贵族聚敛的珍宝、各地送纳的土贡、异域的珍禽异物;同时又是精神文化的结晶,它的建造往往是一个王朝创立时期政治文化、宗教信仰的集中体现,而在王朝命脉所系的年岁当中,它也承载着不同时期汇集其中的学者文人、高僧有道的智慧与意志。

今天学者研究中古时期的都城,视角不同,方法各异,或重在宫室、城门的考古发掘,或从建筑角度考察都城设计,或从历史地理和环境来研究都城选址,抑或研究城内居民生计……可以说,都城因凝聚了古代王朝的多元文化,成为今天不同学科学者从多元视角各逞其能的研究场域。随着墓志碑刻、出土器物等材料的增加,对中古都城内部不同社区和不同社群的

中古都城建城传说与
政治文化

中国人民大学汉唐研究丛书

The Construction Legend of
Capitals and its Dynastic Political Culture
in Medieval China

王 静/著

人
大
学
文
库

社会科学文献出版社
SOCIAL SCIENCES ACADEMIC PRESS (CHINA)

王静著《中古都城建城传说与政治文化》

研究,也已渐次展开。作为一部研究中古时期都城建造与政治文化的专题论著,王静这部书稿也为这一研究趋势提供了自己独特的见解和论断。

王静于1998年负笈北大,从我治"长安学",关注长安的社会流动与社会变迁。她勤于阅读,善于思考,大概是读社会科学出身,所以我常常感到她提出的一些问题,可以超越历史学的界限,不时闪现出新的想法和新的见解。她发表的《唐代长安新昌坊的变迁》,得到长安研究专家妹尾达彦先生的称赞和鼓励;她的博士论文《唐代长安社会史研究——从社会流动的角度来观察》,也获得匿名评审和参加答辩的专家的一致好评。

毕业后,王静执教于中国人民大学历史学院,教书育人之外,继续从事长安研究,并将研究范围扩大到中古都城史领域,时间上至秦汉,下抵宋元。经过数年的努力,最近完成了《中古都城建城传说与政治文化》这本新著。2月底3月初,我在东京、京都的旅行期间,接到她传来的书稿,喜不自禁。匆忙行程中,将全书拜读一过。

这本书从政治文化的视角来考察几座具有历史意义的中古都城的建城经过与相关传说。王静把都城看作是带有浓厚政治象征意义的建筑符号,依次阐发了东魏邺城、六朝建康、隋朝大兴与东都洛阳、北宋汴京以及南宋临安等都城的选址、布局及附着其中的人为意志。她指出,建造者在选择国都位置时,不仅考虑相应的历史先例,更努力应和于传统中国的礼制,以体现上天和自然的各种象征意义。于是,"都于天下之中"、"象天设都"及六朝时期流行的谶纬与中古时期盛行的堪舆学说,都巧妙地被当下政权所利用、所改造、所发挥、所宣扬,并最终成为深入人心的政治神话。在新王朝的建立者、国家的统治核心成员、具有特殊才华的建筑师的合力之下,一座都城从无到有的诞生,实际上就是从观念之城到现实之都的转化,此中蕴含着丰富的思想史、政治史、物质文化史的意义。王静的贡献,正在于此。在具体的个案研究之后,王静在全书结论中说:"帝国的统治者将统治思想植入都城修建的过程中,他们将都城神圣化,并通过各种建筑、礼仪、思想阐释,将这种神圣化具体而形象。"对于这一看法,我深有同感。

平日和王静聊天,感到她时常有超越历史学的阅读体验;读这本新著,又有了这样愉快的感觉。我忝为她进入都城研究的导师,现在见到她学业有新成,不禁喜从心生,乐为之序。

（2013年3月9日完稿。本书2013年4月由社会科学文献出版社出版。）

《敦煌讲座书系》总序

　　位于河西走廊西端的敦煌,曾经是游牧民族驰骋的舞台,也是中原王朝的边镇和经营西域的基地,更是东西文化交往的丝路重镇,蕴涵着多元文化。公元4世纪开始开凿的敦煌莫高窟,迄今仍保留大量的洞窟、塑像、壁画,而在莫高窟第17窟藏经洞发现的大量写本和绘画等,数以万计,内容丰富多彩。

　　敦煌石窟的美术作品和藏经洞的各种语言文字的文献,构成了百年来敦煌学研究的基本资料,加上周边石窟、简牍、墓葬出土文物,敦煌学研究的内涵并非仅仅限于敦煌。敦煌学研究的范围,涉及宗教、思想、历史、考古、语言、文学、美术、科技等等许多学科,利用敦煌保存的材料,学者们对于这些学科的研究构成了现代学术的一个新兴分支学科——敦煌学。

　　20世纪二三十年代,中国学界有的学者把敦煌学看做是一部伤心史,陈寅恪先生虽然不太赞同这种

敦煌讲座书系

敦煌写本文献学

张涌泉 著

国家出版基金项目
NATIONAL PUBLICATION FOUNDATION

"十二五"国家重点图书出版规划项目

读者出版传媒股份有限公司
甘肃教育出版社

张涌泉著《敦煌写本文献学》,《敦煌讲座书系》之一

说法,但也指出当时中国研究敦煌学者不过三数人而已,且"罕具通识"。历史的车轮转到21世纪初,中国敦煌学已经有了长足的进步,成果涉及多个领域,可谓蔚为大观。

然而,敦煌学越是深入发展,也有着题目越来越小、视野越来越窄的倾向。敦煌学的成果越来越多,有自己的刊物和专题会议,与学界其他领域的沟通也受到一定程度的影响,外界面对如此庞大的敦煌学研究成果,即使想略知一二,也不知从何下手。这样的倾向其实严重影响着敦煌学的发展和进步。

在21世纪,敦煌学的发展不仅仅要追求新材料,还要向其他学科学习,进一步更新方法,思考新问题。

我们发起编纂《敦煌讲座书系》,就是希望利用集体的力量,来撰写一套敦煌学各个分支领域的通论性著作,体现百年来国内外敦煌学各个学科的研究成果,代表中国敦煌学研究的整体水平。这套书的作者队伍以中青年敦煌学研究者为主,希望新人写新书,把相关领域的敦煌学研究水平系统地呈现出来。每本著作既是作者对某一领域研究的代表作,又是能够让敦煌学领域外的人阅读、参考的读物,可以引导读者进入敦煌学的相关领域。

日本学者在20世纪80年代曾出版过9本一套的《讲座敦煌》丛书,主要以不同类别的文献为基础,对敦煌学的材料做了通论性的阐述。现在30年过去了,各国收藏的敦煌文献资料基本上刊布于世,敦煌石窟的图像资料也比较容易见到了。因此,我们编纂的《敦煌讲座书系》,力图区别于传统的敦煌文献研究,希望以跨学科的研究方法,从文献到历史,从文献到艺术,从文献到各个领域,把敦煌文献与历史、艺术等学科中的某个专题结合,把敦煌学的基础知识用新的方法、新的脉络串联起来,用新的视角,来阐述敦煌学的各个方面。

敦煌学博大精深,在某些方面我们做得还远远不够,《敦煌讲座书系》可以说是我们努力的一个阶段性成果,我们期待今后敦煌学的新人谱写更加美好的篇章。

(2013年9月30日完稿,载《敦煌讲座书系》各册卷首。该书系2013年11月由甘肃教育出版社出版。)

孙英刚《神文时代：谶纬、术数与中古政治研究》序

中国中古政治史的研究,多少年来一直在内藤湖南的"唐宋变革论",陈寅恪的"关中本位政策"、"种族与文化"、"内政与外族的关联性"等几个命题内兜圈子。赞同者有之,使得同一命题越做越深、越做越细;反对者也不乏其人,但破多于立,虽然指陈这些学说的种种不是,但却未能建立新的学说。

中古政治史研究,亟待转换视角,开拓视野,寻找突破点。记得多年前谷川道雄教授来北大历史系访问,他晚年一直在"兜售"内藤湖南的理论,当时我被历史系指派去与他对谈,我以唐代宗教史的变迁为例,力陈变革的分水岭在安史之乱,其时我正在通过四川禅僧的《历代法宝记》所编师子比丘击败外道末曼尼和弥师诃的故事,来考察安史之乱前后佛教、摩尼教、景教内部不同社会力量的变动情形。谷川教授肯定地说,内藤的理论的确忽视了宗教方面。

中古中国知识·信仰·制度研究书系
复旦大学历史学系 编

神文时代

谶纬、术数与中古政治研究

孙英刚 著

上海古籍出版社

孙英刚著《神文时代：谶纬、术数与中古政治研究》

其实,不论是内藤湖南,还是陈寅恪,他们的观点自然受到自身家族和所处时代及社会环境的影响,因此关注点多在皇帝贵戚,在世家大族,在社会精英,而很少关注社会下层、边缘、左道旁门。然而,一个社会的变迁,并不仅仅在于上层社会,社会下层的各种势力的升迁变化,越到后来,越形重要,这是当今治史者普遍的看法。

孙英刚即将出版的这部专著,正是从宗教信仰的角度出发,来讨论中古时期社会上非常流行的各种谶纬、术数学说与政治史的关系。他用"神文与人文"、"天命与天道"、"预言与灾祥"、"历术与历数"、"乌托邦与救世主"等几个相互对应的概念,选择魏晋到隋唐时期一些典型的事例,做深入剖析,从宗教信仰的角度,对中古政治史的研究,大大推进了一步。

英刚早年负笈北大历史系,喜欢史学,基础扎实,读书多,善思考。他大三的时候就写了一篇有关唐代宫廷政治斗争的文章,提出与陈寅恪不同的观点,我当时就觉得他勇气可嘉。后来他跟随我做硕士论文,因为那时我开始和学生们一起读长安史料,因为他有做宫廷政治的背景,就让他做长安的王府与政治的关系,颇多收获。以后他又远渡重洋,留学美国普林斯顿大学,从艾尔曼、太史文、陆扬等先生学习,于政治史之外,受到思想史、宗教史研究的熏陶。回国后,他有幸加盟新成立的复旦大学文史研究院,选择宗教信仰与中古政治史的关系作为研究对象之一,所学得以发挥,学问的规模得以扩大。本书所集论文,均为他回国后的新思考,新研究,新收获。

英刚研究生毕业前,一次聊天时对我说,现在学生为找工作都学开车,他能开大卡车。我祝愿他开着学问的"大卡车",沿着康庄大道,继续前进,开拓出更多新的学问之路。

（2013年12月2日完稿于杭州旅次。本书2014年1月由上海古籍出版社出版。）

《西域考古·史地·语言研究新视野——黄文弼与中瑞西北科学考查团国际学术研讨会论文集》卷首语

　　黄文弼先生（1893-1966）是我国著名的考古学家、西北史地学家，他所参加的中瑞西北科学考查团是一个由中外科学工作者平等合作、在世界范围都享有盛誉的科学考查团体。他们在自然条件恶劣、西北政局动荡的环境下，克服重重困难，取得了令人瞩目的成就，为西北地区的科学研究奠定了基础。

　　2012年5月，黄文弼先生的家属将其生前使用和珍藏的图书文献，无偿捐赠给了新疆师范大学。新疆师范大学因此建立"黄文弼特藏馆"，开辟黄文弼与中瑞西北考查团的永久性展览，并将正在建设中的新校区图书馆命名为"黄文弼图书馆"；同时也拟成立"黄文弼中心"，将"黄文弼与中瑞西北科学考查团研究"作为该校重点科研项目，进行持续的西北学术史研究。

荣新江、朱玉麒主编《西域考古·史地·语言研究新视野》

2013是黄文弼先生诞辰120周年、中瑞西北科学考查团西北考古发轫85周年,新疆师范大学以"黄文弼中心"的成立为契机,在当年10月举办了"黄文弼与中瑞西北科学考查团国际学术研讨会",以此来纪念西域研究的先行者们。我们在新疆师范大学的邀约下,参与了本次会议的筹办,并编辑了会议的论文集。

在"黄文弼与中瑞西北科学考查团国际学术研讨会"圆满结束之际,我受黄文弼中心的委托,曾经在各位专家的总结性致辞之后说过几句话,表达对此次学术活动的感想,现在也借用过来作为这一会议成果的结晶——《西域考古·史地·语言研究新视野》论文集的卷首语。

第一,我想说,因为有了黄文弼,才有了本次学术研讨会的丰硕成果。黄文弼先生在20世纪艰苦的条件下,几次到新疆沙漠地区进行考古调查和发掘,获得了大量的考古文物和文献资料,并且及时整理出版了《高昌砖集》《高昌陶集》《罗布淖尔考古记》《吐鲁番考古记》《塔里木盆地考古记》,为学术界提供了丰富多彩的新资料。

黄文弼作为第一位进入新疆做考古工作的中国学者,引发了很多话题。不论在中国,还是在欧美日本,对于黄文弼先生考古工作的评介是颇不一致的。导致这样的不同看法,是因为对于黄文弼本人以及当时中外的考古探险史没有充分研究之故。本次研讨会上,不少学者专题探讨了黄文弼生平的某些时段和某些方面的贡献,使我们对于黄文弼的新疆考古事业有了更加多的"同情之理解"。

第二,因为有了黄文弼,我们才有了一批各种语言文字的西域出土文书。从黄文弼先生出版他的各种考古报告到今天,前人已经依据这些资料做出了很多成果,其中一部分有关"黄文弼文书"的优秀研究成果,我们已经汇编为《黄文弼所获西域文献论集》。此次会议的主题,将一些学者的注意力重新吸引到"黄文弼文书"上,所以我们在本次会议上听到了有关黄文弼所获中古伊朗语、回鹘语、吐火罗语、汉语、八思巴文的最新研究成果,也预示着"黄文弼文书"还有相当大的潜力可以发掘。

在考古方面,今天的考古文物工作者,踏着黄文弼先生的足迹,在新疆这片土地上,继续他们的考古事业,本次会议上我们就听到了有关楼兰早期遗存,龟兹、若羌古城,库木吐喇地区的遗址等有关古代遗迹、遗址的最新调查成果。

第三,因为有了黄文弼,新疆师范大学才有了"黄文弼中心"。"黄文弼中心"要研究黄文弼先生的生平事迹以及他所获得的文物考古与文献资料,但黄文弼中心的学术目标并不仅仅限于黄文弼本身,而是整个西域和相关学术的研究,这也就是本次学术研讨会所呈现的场景,我们在此聆听到有关粟特文、于阗文、汉文、突厥回鹘文文书的最新研究成果,也了解了有关印欧人起源、德国所藏新疆壁画流失状况,特别是有关20世纪上半西域探险以及相关学科的研究成果。除了有关西域历史和文献的研究之外,本次研讨会在有关新疆地图的测绘,佛教、摩尼教等宗教、文化在西域的传播等等许多方面,学者们都有所贡献。这些课题也多是今后"黄文弼中心"继续努力的方向,也希望各位学者的研究能够不断充实、扩大西域研究的内涵和领域。

第四,因为有了黄文弼,我们又有了一次国际学术交流的机缘。西域研究这一领域,一直是一个国际舞台。在这次国际学术研讨会上,各国学者之间由黄文弼的话题,营造了一个充分的相互交流氛围。我们也不必回避,黄文弼和中瑞西北科学考察团瑞典一方的斯文·赫定等人之间,存在一些矛盾。但是,今天我们大家可以心平气和地坐在一起,相互切磋,各抒己见,经过彼此的交流,加深了理解,也促进了今后进一步的合作研究。比如如何把黄文弼的成果翻译成英文在西方世界出版,就是不止一位来自欧洲的学者发言的话题。

最后,如果说有遗憾的话,题目有中瑞西北科学考查团,但本次研讨会上除了有关中瑞西北科学考察团的黄文弼、斯文·赫定、袁复礼之外,没有其他的论

文涉及这一丰富多彩的领域,今后在这一方面,还有
很多课题需要有人去研究。

（2014年8月31日完稿。本书2014年12月由科学出
版社出版。）

《流星王朝的遗辉:"隋炀帝与扬州"国际学术研讨会论文集》序

随着2013年扬州曹庄隋炀帝墓的发现,隋炀帝这位在中国历史上的重要人物,重新吸引了学者们的注意力。

在传统的史书记载当中,隋炀帝是一个暴君的形象。在唐朝史官的笔下,一个末代帝王的种种丑行、无能、残暴,都被贴在了隋炀帝身上。的确,短短三十年的隋祚,结束在炀帝统治时期;一个蒸蒸日上的王朝,断送在炀帝的手中;隋末起事的一位位英雄人物,都想杀炀帝而后快。然而,经过史家的仔细研究,人们得知:辉煌的唐帝国,基本的制度都是隋代创建;贯通南北粮道、接济长安君臣的大运河,是在隋炀帝时候开凿的;连接东西文明的丝绸之路,也在隋代再度繁盛起来;炀帝大业年间聚集的图书,比唐开元盛世时长安的皇家图书馆还要丰富。拨开旧史家的有意遮障,隋炀

流星王朝的遗辉

『隋炀帝与扬州』国际学术研讨会论文集

主编/冬冰

扬州市文物局编

苏州大学出版社
Soochow University Press

扬州市文物局编《流星王朝的遗辉:"隋炀帝与扬州"国际学术研讨会论文集》

帝正面的历史地位越来越多地被学术界所认同。

对于隋炀帝这样一位褒贬不一的人物,传统的认识主要都源自唐朝的记录。隋炀帝及其萧后墓葬的发现,无疑为相关问题的研究提供了许多珍贵的材料。仅仅从考古学方面来讲,这两座分别属于唐朝贞观初年和末年的墓葬,从其形制到出土的高等级文物,以及在都城之外扬州这种地域加以埋藏的亡国皇帝陵墓,都给考古学研究提供了新的素材,也提出了许多新的问题,这必将深化今后隋唐考古学研究的某些方面。

扬州不仅仅是隋炀帝的埋葬之地,更重要的是,它是即帝位前的杨广曾经生活过十年的地方。作为扬州总管,他在这里广纳英才,充分吸取南方文化,并且随着他的即位,以扬州为中心的南方文化被输入长安、洛阳,隋朝的制度、思想、文化、宗教等许多核心内容,由此而经过了"南朝化"的过程。进入唐朝以后,扬州仍然是中国最重要的城市之一,有所谓"扬一益二"的说法,扬州在商业贸易、对外交往、工艺技巧、思想文化、文学艺术等方面,都有辉煌的成就,引领风骚。隋炀帝墓及其文物的出土,为我们今后进一步研究扬州提供了丰富的材料和新的视角。

本次"隋炀帝与扬州"国际学术研讨会的召开,既是对新发现的隋炀帝墓葬及其文物的迅疾反映,也是今后新阶段隋炀帝、扬州这两个学术主题的重新起步,预示着今后相关领域研究的进步。

扬州市文物局发起组织这次学术研讨会,北京大学中国古代史研究中心荣幸加入合办单位。我因出国在外,由鄙中心朱玉麒教授代表参加,会后拜读诸位大文,受益良多。今蒙顾风先生厚爱,嘱作书序,不敢不应,因略述"隋炀帝与扬州"研究之学术旨趣,聊以为序。

(2015年6月17日完稿于朗润园。本书2015年8月由苏州大学出版社出版。)

朱玉麒《徐松与〈西域水道记〉研究》序

    从某种意义上来讲，现代意义的西域史地、敦煌学、丝绸之路研究，应当起始于清代中叶以来的"西北舆地之学"；而清代西北舆地之学中最重要的人物，无疑当属大兴徐星伯。徐松的《汉书西域传补注》、《新疆赋》、《西域水道记》三种，是清代西北舆地之学的重要成就，就中尤其以《西域水道记》的学术价值最高，影响最大。比如法儒沙畹著《西突厥史料》，对于西域地理的考证，就多依赖于《西域水道记》，而由沙畹，又影响到前往西域探险的斯坦因、伯希和等人的著述。

    忆1983年笔者随张广达师第一次往南疆调查古迹，自乌鲁木齐乘车翻天山，经焉耆、龟兹、疏勒故地，到古代于阗国范围考察，沿途时时就西域地理提问，张师常常据《西域水道记》为我等释疑，且盛赞徐松学问功力。那时正是全国规划整理中国传统古籍的时

徐松与
《西域水道记》研究

A Study on Xu Song and
Xiyu Shuidao Ji

朱玉麒　著

北京大学出版社
PEKING UNIVERSITY PRESS

朱玉麒著《徐松与〈西域水道记〉研究》

候,张师已拟订整理此书计划,并已列入中华书局拟出版的古籍整理规划项目。以后从学过程中,张师曾不止一次告诫我们,使用《西域水道记》,切不可忘记《星伯先生小集》中徐松自己的《校补》!

2000年,朱玉麒君入北京大学博士后流动站,从事清代西北舆地之学的研究,兼整理大兴徐氏著作三种。其时张广达师早已移居海外,《水道记》之整理遂寝而未行,笔者驰书相询,知已捐弃故伎。于是极力怂恿玉麒君知难而进,勇往直前。按博士后制度,余忝为合作教师,时常在朗润园北招待所的饭桌前,面对一盘肉丝炒饼,听其高论,兴致盎然。

玉麒君为江南才子,出入文史。博士期间在北师大从元白(启功)先生治文献、版本、校勘之学,精于典籍考订;又多次随宽堂(冯其庸)先生壮游西域,熟悉塞外史地。这些训练和经历,使之成为整理徐松西域著述的最佳人选。经过两年努力,大兴徐氏三种,粲然可观。2005年初,《西域水道记》(外二种)在中华书局付梓,笔者利用假期,在渤海湾边通校一过,张师整理徐松著作的愿望终于实现,遥望海西,颇感欣慰。

玉麒君博士后报告的主体"徐松与《西域水道记》研究",2002年7月出站时已形成书稿,但考虑到近年来清代史料蜂拥而出,徐松手迹也不时显现,因此并未急于出版。近十年来,玉麒君又走访天山南北、葱岭东西,足迹远过徐松所履;还有机会东到日本,西走英伦,北探俄罗斯,南游台湾岛,获睹流散域外的徐松稿本及相关资料。现在,这部经过十几年锤炼的徐松与《西域水道记》研究专著终于完稿,岂不快哉。玉麒君征序于我,虽责无旁贷,亦诚惶诚恐。于此既远念张师当年谆谆教诲之恩,又倍感与玉麒君切磋学术之乐,故略缀数语,聊以为序。

（2015年5月6日完稿。本书2015年12月由北京大学出版社出版。）

《龟兹石窟保护与研究国际学术研讨会论文集》序

　　一个多世纪以来,有关古代龟兹的研究大体上是由不同学科的学者在分别地从事着某一方面的研究。考古学家注重的是龟兹石窟的洞窟类型与断代研究,或关注龟兹范围内的古城和戍堡;美术史家重在比定壁画图像并对石窟壁画进行艺术分析和分期;佛教学家重点阐释丝路北道小乘佛教的发展及其与大乘佛教的关系,特别关注龟兹出身的鸠摩罗什对中国佛教的贡献;语文学家解读了一件又一件的梵文、龟兹文佛典,个别学者进而探讨它们的部派归属;历史学家努力把传统的汉文典籍记录和当地出土的少量汉文文书相结合,来探讨龟兹的历史进程,特别是唐朝在西域的军政体制、交通路线。凡此种种,都已经取得了非常丰厚的成果,有些成果是综合两三个学科所取得的优异成绩,值得肯定。

2011

龟兹石窟保护与研究国际学术研讨会

International Conference on Conservation and Research of the Kucha Caves

论文集

Proceedings

新疆龟兹研究院 编

科学出版社

新疆龟兹研究院编《龟兹石窟保护与研究国际学术研
讨会论文集》

最近十年来,有关龟兹研究资料的整理有了整体性的突进。龟兹石窟内容的系统著录,龟兹地区文物普查的完成,各国所藏龟兹出土文书以纸本和数字化形式的大量公布,都为我们今后对龟兹的研究提供了良好的基础。

在此基础上,今后的龟兹研究更应当走出学科的独立分野,应努力推进跨学科的集体合作研究。比如,古代龟兹的佛教社会是一个完整的系统,佛教洞窟的开凿和壁画的绘制,是和某种佛教思想相辅而行的,而佛教思想反映在当地僧侣阅读、使用的梵文、龟兹文、汉文的佛典和佛教仪式类文本当中。同时,石窟寺的管理和运营是和当地的佛教教团及寺院经济密切相关的。因此,需要把考古、美术、佛教、语言、历史的学者集中起来,以佛教石窟为中心,展开跨学科的研究。又如,历史学家关注的城镇、道路也好,军事、行政体制也罢,也同样是在一个复杂的系统当中,既要关注唐朝制度的导入,也要发掘当地社会的自身文化传统,还要留意外来文化的影响,把历史典籍的大记录与龟兹文、汉文以及其他文字的出土文书随意遗存的小事情结合起来,得出龟兹历史的整体景观。

2011年8月,在古代龟兹佛教的中心之一——克孜尔千佛洞召开的"龟兹石窟保护与研究"国际学术研讨会,就是朝着这个方向努力的一步。会议由新疆维吾尔自治区文化厅和自治区文物局主办,新疆龟兹研究院与北京大学中国古代史研究中心承办，与会代表从多角度对龟兹石窟的保护问题提出解决方案，也提交了丰富多彩的研究论文，并进行了充分的学术交流。现在这部论文集，就是经过作者修订而后形成的。

近年来，我作为北京大学中国古代史研究中心的代表，与新疆龟兹研究院、中国人民大学国学院西域历史语言研究所合作，努力推动进行龟兹石窟保存的吐火罗文、汉文、察合台文等各种文字题记的调查、解读、研究，希望对龟兹石窟的内涵与年代、龟兹古代佛教社会、龟兹王国军政体制与基层社会等问题，做更加深入的综合性研究，以期推进龟兹学的整体进步。

本次会议也是我们合作的成果之一。今受命不辞，因述合作研究之缘起，兼阐发龟兹综合研究之方向，是为序。

（2012年9月8日完稿。本书2015年12月由科学出版社出版。）

吴芳思《丝绸之路2000年》修订版序

　　由于"一带一路"国家经济发展战略的提出,丝绸之路一下子成了热门话题。"丝绸之路"这个词儿人人能讲,但丝绸之路的事儿却并非人人能说个明白。"丝绸之路"原本是近代学者对汉代中国与中亚、南亚、西亚之间以丝绸为主的贸易之路的命名,但随着东西方学者对于古代中国与外部世界交往史的认识,"丝绸之路"的内涵逐渐扩大,陆上丝绸之路从西亚到欧洲、北非,海上丝绸之路则连接日本、东南亚、阿拉伯世界,乃至非洲,以致一切中国与世界各国的交往都进入了丝绸之路的范围,因此,今天的人们要了解丝绸之路,有时候不知从何说起。然而,"丝绸之路"的含义有广、狭之分,一般所说的丝绸之路,指的是从长安或洛阳出发,经过陆路通往中亚、南亚、西亚和欧洲的道路,通过这些道路所进行的不同国家、民族、人群之间的物质文明和精神文明的交流,就是丝绸之路历史

吴芳思 著

赵学工 译 杨玉好 校 赵学工 修订

The
Silk Road

Two Thousand Years
in the Heart of Asia

丝绸
之路

2000年

定价：68.00元

（修订版）

上海辞书出版社

吴芳思著《丝绸之路2000年》（修订版）

的主体内容。

当丝绸之路一下子升温后,人们忽然发现,中文书中有关丝绸之路的综述性图书并没有几种,已有的也是一些比较学术的、教科书式的著作,比较少见适合专业之外读者的那种雅俗共赏的读物。比较而言,已经翻译成中文的布尔努瓦(Luce Boulnois)《丝绸之路》(耿昇译,山东画报出版社2001年版)和吴芳思(Frances Wood)《丝绸之路2000年》(赵学工译,山东画报出版社2008年版),倒是两种篇幅适中,而内容也颇为可观的书籍。现在,上海辞书出版社重新修订出版吴芳思《丝绸之路2000年》,相信会受到今日读者的广泛欢迎。

从1985年访问英伦认识她起,我和吴芳思女史是三十多年的朋友了,我为她有关丝绸之路著作的中译新版即将面世感到高兴。1991年上半年,我应吴芳思邀请到英国国家图书馆中文部,编撰翟林奈(L. Giles)剩下的敦煌残卷非佛教文献目录,那时我和她在同一间办公室,知道她主持中文部工作之繁忙,除了采购图书、编目等工作外,她也是一位伦敦学界的"社会活动家",英国学术院、伦敦大学、英国广播公司以及海外的汉学机构,许多事情都找她帮忙,她不在办公室的时候,录音电话响个不停,她进门后先是听电话,然后快速一一回复,工作效率非常之高。以她这样的繁忙,我以为她就是一位整日处理杂务的图书馆员，或者是有的中国学者戏称的"活雷锋"，但她却笔耕不辍，先后出版了《马可波罗到过中国吗？》（1995年）、《华人与狗不得入内：1843-1943年中国通商口岸的生活》（1998年）、《在北京扔手榴弹：我在"文革"中的留学生涯》（2000年）、《蓝皮指南手册：中国编》（2002年）。吴芳思的博士论文是研究北京四合院的，但她是一个多面手，又由于工作的原因，不可能专于一门，但她总是能够利用在英国图书馆占有大量材料的条件，加上自己的勤奋用功，用通俗、优美的英文，写出雅俗共赏的好书，上面列举的只是其中的一部分，《丝绸之路2000年》也是如此。

"丝绸之路"话题现在已经是东西方学术的共同话语，但每个学者在书写丝绸之路的历史时，其实都有各自的出发点，因为这样才可以尽自己所长。通读吴芳思这本书，我感觉到她是有意无意地从英国的角度来写丝绸之路，而作为近代以来学术极其发达的英国，也为吴芳思的写作提供了坚实的基础。在读这本书的时候，不应当忘记原书标题 *The Silk Road. Two Thousand Years in the Heart of Asia*，直译的意思是"丝绸之路：亚洲腹地两千年"，换句话说，吴芳思的重点是叙述亚洲中部地区——大概从河西走廊到布哈拉绿洲之间——两千年间丝绸之路的历史，这一地域范围也正是丝路在沟通文化、交流物产等方面作用最大的区域,也同时是英国探险家、考古学者、殖民主义者考察、记录最丰富的地区。吴芳思利用东西方史料和考古文物资料,从先秦时期的玉和丝,一直叙述到20世纪30年代行走在丝绸之路上的人们,给读者一个非常全面的宏观景象。同时,她也把英国为主的西方作家的优美诗歌、探险家的冒险经历、考古学者的欣喜收获、旅行者的乐趣,以及传教士的悲苦,等等,都摘录或转述在这本书中,让读者在一本书中,欣赏到不同类型的丝路行者的切身体验。比如她通过西方使者之笔描绘的15世纪帖木儿帝国统治下的撒马尔罕就像一个玫瑰花园,她借用20世纪在新疆旅行的各种人物所描绘的喀什噶尔,以及那里的英国领事馆中舒适的生活,都给我们留下深刻的印象,也是丝绸之路历史的真实写照。虽然吴芳思这本书最初设定的是英语读者,但我相信中文读者也同样、甚至更加喜欢她所叙述的丝路故事,因为中亚距离我们并不遥远,如果读者带着她这本书去行走中亚丝绸之路的话,那一定会有更多的体会与感悟。

（2016年1月26日完稿。本书2016年4月由上海辞书出版社出版。）

国家社科基金
后期资助项目

隋唐长安佛教社会史

A Social History of Buddhism in the Sui-Tang Chang'an

季爱民 著

中华书局

季爱民著《隋唐长安佛教社会史》

季爱民《隋唐长安佛教社会史》序

　　季爱民曾从我治隋唐史，今年撰就《隋唐长安佛教社会史》书稿，征序于我。不论从对"长安学"的关怀，还是说与爱民的友情，我都义不容辞，故此欣然命笔。

　　长安是隋唐帝国的中心，长安城更是公元7至9世纪东亚世界的一大都会。从佛教史的视角来看，长安是隋唐两朝最大的佛教社会之所在，是各种佛教人物活动、思想激荡、经济运作……的最大场域。这里聚集了当时最有学识的三藏法师、学僧、外来高僧，也有从各地、各国前来求法的僧徒，加上本地的徒众、沙弥、在家的信徒，他们展演着不同层级的佛教历史。长安大小寺院林林总总，从隋文帝到武则天，再到中晚唐的一些佞佛皇帝，自上而下的推力，使得长安城不断涌现新的寺院，部分皇帝的龙潜之地，还有一些贵族的豪宅，由于种种原因而演变为佛寺，大者占一坊之地，次之占半坊、四分之一坊的区域,因为长安城规模宏大,哪怕是占四分之一坊面积的寺院,也具有相当的规模。我曾论证从王府到寺院带给长安城的意义,寺院占据了长安城的神圣空间,由于传统礼制的制约,周秦汉以来中国本土具有宗教意义的建筑,反而大多数都在都城之外,这就给佛教在长安的发展提供了广阔的空间。长安的佛教教团或寺院,和皇室、贵族乃至平民百姓有着密切的关系,来自社会的供养,让佛寺具有强大的经济实力;佛教则给予社会大众宗教的关怀和信仰的指导,这是长安社会稳定发展的因素之一。有些佛教徒参与政治活动,像武则天时期的怀义、德感,玄肃代诸帝时的不空和尚,都对王朝的历史进程产生过影响。我们甚至可以说,脱离了佛教社会,就不能完整地理解隋唐长安的历史;反之,脱离了长安社会,也不能弄清楚长安的佛教史。

然而,与长安的伟大、长安佛教的重要性相比,有关长安的研究、有关长安佛教的研究,却十分薄弱。考虑到这样一种不正常的学术生态,十多年前,我和一些老师、学生一起,开始了"长安读书班",期望推动"长安学"的研究,这其中的一个主力成员,就是季爱民。

季爱民在学期间,刻苦钻研,常常在中心一坐就是一天,寒暑假也是如此,所以同学们昵称"季老"（本意是季羡林先生的尊称）,这一方面是因为与其他同学相比他年龄偏大,更重要的是他和中心北面朗润园13公寓的季先生一样,好学沉稳,持之以恒。爱民抱有以学术为生命的信念,积累了大量的研究心得,他的硕士学位论文是《隋、唐初的王府与寺院讲学》,博士论文则重点探讨北朝后期到唐前期以长安为中心的佛道关系问题。毕业以后,他更加专注于长安的佛教社会,水涨船高,学问日益精进。

本书是他近年研究的一项成果,重点探讨长安佛教与社会的关系,从多重角度来讨论长安不同等级的寺院在经济、信仰、生活等方面与世俗社会交互关联的问题,展现给读者动态的长安佛教社会景象。目前,跨学科的研究成为学术研究新的增长点。过去隋唐史的学者不太关注佛教史的问题,而佛教史学界讨论更多的是佛教的义理、哲学、思想问题。爱民的新书正是这样一部综合研究隋唐佛教和社会的论著。我先睹为快,受益良多,欣喜之际,略述感慨,谨此为序。

(2015年12月17日完稿于朗润园。本书2016年7月由北京中华书局出版。)

徐俊著　鳴沙習學集　上册

敦煌吐魯番文學文獻叢考

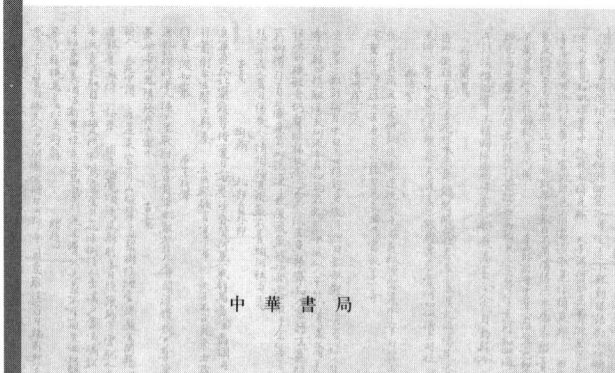

中華書局

徐俊著《鳴沙習學集——敦煌吐魯番文學文献丛考》

徐俊《鸣沙习学集——敦煌吐鲁番文学文献丛考》序

　　徐俊兄携其所著《鸣沙习学集——敦煌吐鲁番文学文献丛考》来命我作序,论年辈,我不敢应命;论友情,我又无法推辞。徐兄与我年龄相仿,他出身于南京大学中文系,我则毕业于北京大学历史系,原本是风马牛不相及,但敦煌研究的兴趣,把我们联系到一起,甚至成为患难兄弟。

　　敦煌藏经洞发现的写本文献中,文学作品也备受关注,特别是其中的俗文学作品,引起学者们的广泛讨论。作为宋明话本、小说、戏曲的源头,敦煌变文、讲经文成为关注的焦点,由此引发关于俗讲及其文本的讨论,使得佛经文体及讲经制度的通俗化,乃至对唐朝大众文化及通俗文学发展的影响,都有了深入的认识。对于敦煌写本中的雅文学作品,由于开始阶段学者们接触的机会较少,只有少量诗歌和《文选》进入个别学者的视野,直到王重民先生1930年代在巴黎全面整理敦煌写本,才得以把敦煌保存的唐代诗人与词人的作品,比较系统地辑录出来,以传统的集部分类方式,编成《补全唐诗》《敦煌曲子词集》。以后随着研究的进步和各国敦煌写本的陆续公布,学者们对于各类敦煌写本文学作品不断进行校录与补充,硕果累累。

徐俊兄毕业后在中华书局文学编辑室工作,编书之余,也从事敦煌文学文献的董理,对于敦煌吐鲁番出土写本中的先唐诗、前人整理过的唐人诗集、学郎诗、曲子词、佛教赞颂等,都有许多贡献。我对他有关整理敦煌诗的论文至感钦佩,也知道他在这方面用力最勤,所以有问题就向他请教。记得一次周绍良先生让我补录敦煌卷子缩微胶卷上看不清楚的《读史编年诗》,我请教徐兄,他出示从北京图书馆所藏王重民携归的敦煌写本旧照片上所录文字,几乎可以补全所有胶卷看不到的文字,这让我刮目相看。所以,当我在海外调查所得敦煌吐鲁番写本诗歌卷子时,首先就交给他来考察,由此我们俩曾经合撰过三篇文章,即《德藏吐鲁番本"晋史毛伯成"诗卷校录考证》《新见俄藏敦煌唐诗写本三种考证及校录》《唐蔡省风编〈瑶池新咏〉重研》,材料虽然是我发现的,但学术价值的发现和整理,基本上都是徐兄完成的。

在本书所收单篇论文之外,徐兄对敦煌学最大的贡献，是2000年出版的《敦煌诗集残卷辑考》，我有幸在书出版之前仔细校读一过，受益良多，最大的感受是他区别于前人的整理方法。这一方法在该书前言中做了很清楚的陈述，现在也以单篇论文的形式收入本书，题作《身临其境的诗坛——关于敦煌诗歌写本特征、内容及整理方式的考察》。简单说来，前人整理敦煌本唐诗，都是按照传统的集部分类方法来整理的，即把散见于不同写卷的诗歌，按照总集、别集的方式，分别归类，特别是归到具体人物的头上。徐俊指出敦煌诗歌是写本时代的产物，不能用宋以后的分类方式去整理，而应当按照写本的性质和特征，依写卷的原式，一卷一卷地整理，把与诗歌写在同一卷子上的其他内容，不论正背，统统记录下来，这才是唐人诗卷的原貌。而这一面貌是有别于"经典文献"的"民间写本"，这正是唐朝社会上流行的大多数唐人诗卷的真实状态。这一看法其实早在1996年我约他撰写的《敦煌本唐集研究》书评中已经有所阐释，其实这篇给他引来不少麻烦的书评真正是一篇敦煌学方法论的突破之作，在这样早的时候就悟出了今天书籍史研究盛行后的写本学理论，可见徐兄对写本文献见识之高，理解之深，阐释之准。我后来有机会参加一次美国唐代学会的聚会，他们都在盛赞徐俊这本《敦煌诗集残卷辑考》，迄今出版的几种美国中古诗歌写卷的研究，不能不说是受到徐俊此书的影响。《身临其境的诗坛——关于敦煌诗歌写本特征、内容及整理方式的考察》一文其实是一篇具有方法论意义的鸿文，但从来没有单独发表，这里收入集中，希望引起年轻学子的重视。

徐兄原本打算用这一方法，继续整理"敦煌赞颂集"和"敦煌曲子词集"，虽然他现在投身于更重要的出版工作，但我们仍然希望这两本著作，能够早日完成。

有机会在本书出版之前重读各篇大文，自有身临其境入诗坛的感觉，也得以借助文章，回味那过去时光里相互切磋学问的快乐。

（2016年10月24日完稿。本书2016年11月由北京中华书局出版。）

庆昭蓉《吐火罗语世俗文献与古代龟兹历史》序

　　虽然《中国大百科全书·中国历史卷》的"龟兹"条目是我撰写的,但与敦煌、高昌、于阗相比,我对古代龟兹的历史不敢说做过真正的深入研究,原因就是自己对于当地出土的所谓"乙种吐火罗语"（龟兹语）文献没有下过功夫。因此,当我2008年在巴黎见到阔别多年的庆昭蓉并得知她学习了四年吐火罗语之后,我就动员她来北京大学历史系做博士后研究。2010年,昭蓉顺利进入北大博士后工作站,从事以"吐火罗语世俗文献与古代龟兹历史"为主题的研究。同时,也是在巴黎攻读吐火罗语的荻原裕敏博士由我推荐进入中国人民大学国学院西域历史语言研究所任教。于是,我们北京大学中国古代史研究中心与新疆龟兹研究院、人大国学院西域所三方达成协议,开始了"龟兹地区现存吐火罗语写本与题记的调查与研究"的合作项目,昭蓉、荻原成为项目的主力,以后几

吐火罗语世俗文献与古代龟兹历史

Tocharian Secular Texts and
History of Ancient Kucha

庆昭蓉 著

北京大学出版社
PEKING UNIVERSITY PRESS

庆昭蓉著《吐火罗语世俗文献与古代龟兹历史》

年,我们与龟兹研究院的赵莉、台来提·乌布力等研究人员合作,对古代龟兹国范围内的石窟题记和出土遗物上的吐火罗语以及其他也是用婆罗谜文字书写的西域语言材料做了彻底的考察和研究。

汉唐时期的龟兹,是西域地区数一数二的大国,因为位居塔里木盆地北沿中间的地域,所以在西域历史发展进程以及佛教文化传播方面,都具有无可替代的地位。龟兹王国本身发展的历史,有着丰富的内涵。同时,龟兹也和中原王朝息息相关,密不可分,不论是汉朝的西域都护府,还是唐朝的安西都护府,都位于龟兹国的范围之内,统领着整个西域地区,因此,龟兹无疑是西域地区、特别是南疆地区的政治、军事、文化中心。库车发现的魏晋墓葬表明,即使在龟兹与中原的沟通不那么通畅的时期,中原文化在龟兹也已经根深蒂固。由此,汉文传世典籍对于龟兹的记录,是过去东西方学者探讨龟兹历史的主要依据。唐朝安西都护府时期的龟兹,也遗留下来一些汉文文书残片,已由法国童丕(É. Trombert)教授整理刊布,但数量不多,信息有限。

龟兹与于阗相同,是西域地区的一大佛教文化中心,曾经孕育出鸠摩罗什这样伟大的高僧,对于中国佛教的发展贡献至巨。龟兹本地是小乘佛教中心,其宗教语言主要是印度的梵文和当地的一种吐火罗语(龟兹语)。和龟兹的历史一样,此前的龟兹佛教史著作也主要是依据汉译佛典和中原的求法僧记录,但是像玄奘这样的大乘教徒是看不起小乘佛教的,所以在他的《大唐西域记》中对于龟兹佛教颇有微词,力加贬抑。其实,龟兹范围内出土了大量梵文、吐火罗文的佛典,经典和戒律都有,还有诗歌、戏剧等多种形式,同时还保存有大量佛教石窟、壁画和供养人题记,此外,考古发现的吐火罗语的寺院行政和寺院经济文书也比汉文文书要多得多。

回鹘西迁后,龟兹国并入以高昌、北庭为中心的西州回鹘(高昌回鹘)王国当中,但龟兹回鹘具有某些独立的性质,以至于宋代的史臣把高昌回鹘和龟兹回鹘看作两个不同的地方政权。龟兹回鹘时期,除传统的梵文、吐火罗文、汉文材料外,又多了回鹘文的典籍、文书和题记。回鹘时期的佛教是西域史上佛教的最后辉煌,是多元文化的集中展现。

可以说,龟兹史和龟兹佛教史的研究,是西域史的重点,也是难点。

庆昭蓉在台湾大学受过考古学、人类学训练,在巴黎从学于吐火罗语大家皮诺(G.-J. Pinault)教授,系统学习印欧语言学、历史语言学,掌握了欧洲所藏吐火罗语文献及其研究成果;又与熟悉梵文、吐火罗文律藏的荻原裕敏博士朝夕相处,相得益彰。因此,她能够熟练运用各种语文研究龟兹佛教社会的最重要资料,可以借助汉文典制、文献,解决一些吐火罗语世俗文书的关键词语和年代问题;同时也把吐火罗语的律藏和汉传律藏相对照,结合当地出土的寺院行政和经济文书,阐明古代龟兹王国的物质生活与精神生活,并深入探讨龟兹佛教寺院的运行情况和发达的寺院经济。

本书就是昭蓉这些年来陆续完成的研究成果。不论在宁静的朗润园研究室里,还是在荒凉的龟兹石窟考察道路上,我时常听她讲解相关的问题,为她的发现和成果感到振奋。我也知道昭蓉异常刻苦用功,这些年中,她走遍了巴黎、柏林、圣彼得堡、京都、东京收藏吐火罗语文献的单位,也在龟兹地区大小石窟留下了足迹。在这部著作之外,她还贡献给学界许多有关龟兹历史,以及有关佉卢文、据史德语文书的研究成果,还是我们三方合作的龟兹石窟题记和出土木简整理研究报告的主要执笔者。我忝为她的合作者,对她的研究没有做深入的参与,现在书稿即成,欣喜若狂,走笔至此,聊作序言。

(2015年12月17日完稿。本书2017年1月由北京大学出版社出版。)

A Very Short Introduction

牛津通识读本

丝绸之路

The Silk Road

〔美〕米华健／著

马睿／译

译林出版社

〔美〕米华健著《丝绸之路》

米华健《丝绸之路》中译本序

在我所阅读过的以"丝绸之路"为名的著作中,米华健(James A. Millward)教授的这本《丝绸之路》,既不是篇幅最长的,也不是出版时间最新的,但却是我阅读时最感到愉快的一种。本书英文原名 *The Silk Road: A Very Short Introduction*,2013年出版,是列入牛津大学出版社一套雅俗共赏的小丛书 *Very Short Introductions*(简称VSI)中的一本,译林出版社已经汉译过丛书中的多种,称此系列为"牛津通识读本"。因此,米华健的这本《丝绸之路》,也是按照丛书的总体要求,撰写的一本极为简明的丝绸之路导论性质的书。

作者分析了从李希霍芬提出"丝绸之路"时最初的概念,到百年来学者们的不同理解,在综合前人论说的基础上,总结出他本人对"丝绸之路"的定义,即"'丝绸之路'一词所指的不仅仅是中国和罗马之间长达几个世纪的丝绸贸易。它是指通过贸易、外交、征战、迁徙和朝圣加强了非洲—欧亚大陆整合的各种物品和思想的交流,有时是有意为之,有时则是意外收获,在时间上始自新石器时期,一直延续到现代。"

如何驾驭这样一个纵贯远古到当今、横贯地中海到华夏大地的话题,对于所有作者来说,都是具有挑战性的。但作者的确很好的解决了这个问题,其优点或者说特点,可以概括为以下几个方面。

这本书最大的一个优点,就是小而精,从宏观的视野,非常简明扼要地讲述了丝绸之路的各个方面。第一章主要讲环境,与目前西方史学界的主流思潮相适应,强调中央欧亚大陆上游牧民族的重要性。第二章按照时间顺序讲述不同时段里丝绸之路的历史。第六章以"丝路将通往何方"为题,强调了16世纪以后丝绸之路并没有断绝,并概述了古代丝绸之路向现代的转型。作者的文笔高度概括,而且对于相关的文化传播、游牧农耕等理论也了然于胸;这显然是基于多年来在美国乔治城大学(Georgetown University)历史系讲授中央欧亚历史的经验和积累,所以才能娓娓道来,提纲挈领,给读者一个能够轻松阅读的Very Short Introduction "极简介绍"。

但丝绸之路的话题,从人类起源和最初的迁徙,到全球化时代的"大合流",各种各样的内容都可以纳入其中。作者对此做了非常有眼光的选择。在第三到五章中,他提取丝绸之路物质文化和精神文化交流史上的一些最重要的方面,以某个具体的事项,来加以深入细致的阐述,包括人类的迁徙,瘟疫的传播,马匹的驯化,葡萄酒生产与东传,生物物种的移植,食物、纸张、医学、战车、火药的东西传播,以及文学内容体裁的借用,乐器和绘画、雕刻、建筑、织物、陶瓷等视觉艺术的交互影响。这些是讲述丝绸之路时所不可或缺的内容,其中既有和平交往的结果,也有征服战争的推动。总体而言,通过对货物、思想、艺术和人群本身的交换与流动的描述,使读者认识了丝绸之路如何在遥远的聚居地之间建立联系,从而推动了不同地域的人类得到的繁荣和发展。

米华健教授的学术专长是清代新疆史,是美国所谓"新清史"学说的代表人物之一,著有《嘉峪关外:1759-1864年新疆的经济、民族和清帝国》(*Beyond the Pass: Economy, Ethnicity, and Empire in Qing Central Asia, 1759-1864*. Stanford University Press, 1998)、《欧亚十字路口:新疆历史》(*Eurasian Crossroads: A History of Xinjiang*. London, Hurst & Company, 2007),蜚声学林。这方面的专长,也体现在这本小书中。他以坚实的数据,阐明在18-19世纪清朝把江南大量的丝绸运到中亚以换取马匹,而同时代的俄罗斯则用马匹交换来自印度的棉纺织品;茶叶、大黄、陶瓷、白银和丝绸在清帝国边境上自由流动,充分证明1500年以来丝绸之路并没有终止。在丝绸之路的历史作用上面,国内外史学界存在着两种截然不同的观点,我一向持有丝绸之路对东西南北文化交流具有积极意义的态度,读了米华健此书,颇有海外遇知音的感觉。

本书还有一个优点,就是文笔优美,而且时时带出一些美国人的幽默,让人读起来十分轻松愉快。作者还不时把古代的事件、名物与我们身边的事情和所接触的物品联系起来,让读者易于理解。这正符合"牛津通识读本"丛书的品味,也是一本非常具有学术含量的通俗读物,雅俗共赏,相得益彰。

忆1992年秋天,米华健和我都受已故杨镰教授之邀,参加在乌鲁木齐举行的"西域考察与探险"学术研讨会,然后下南疆,从阿克苏团场,顺和田河南下,经过四天露营,抵达丝路南道重镇和田。由于专业不同,又不在一辆车上,所以交谈并不多。但多年来我一直关注他的学术研究成果,他的《丝绸之路》这本书,更是我近年来在丝路上考察时携带的参考书。今译林出版社邀请我为本书中译本作序,欣然应允,这也算是一种丝绸之路的缘分吧。

（2016年12月20日完稿于北京大学朗润园。本书2017年4月由译林出版社出版。）

《唐研究》第二十三卷编后记

我自1995年以来,受唐研究基金会学术委员会和罗杰伟先生委托,承担大型学术年刊《唐研究》的编辑工作。二十三年来,可以说恪尽职守,保证了每年按时出版。现在已经出版了23卷,多少为唐研究做出些许贡献。

今年夏季,我决定在完成第23卷的编辑出版工作后,辞掉《唐研究》主编一职,把自己的主要精力,放在读书、研究、考察、写作上。我出任主编时只有35岁,我相信现在的中青年学者同样可以承担《唐研究》主编的重任,把这份刊物继续办好。

回顾23年的历程,我首先要感谢罗杰伟先生,没有他创办的唐研究基金会的支持,《唐研究》不可能如此顺利地走到今天;我也要感谢唐研究基金会学术委员会各位委员、唐研究基金会各位理事、《唐研究》各位编委和助理编辑的大力支持,他们在学术、道义、资

唐研究基金會

第二十三卷

唐研究

文本性與物質性交錯的中古中國專號

北京大學出版社
BEIJING UNIVERSITY PRESS

荣新江主编《唐研究》第二十三卷

金等方面给予了常年的关怀与支援,也给我的工作提供了非常宽广的运作空间。我还要特别感谢周边的年轻朋友,他们有的已经从研究生成长为大牌教授,但无论何时,只要我招呼他们帮忙,从严谨的审稿,到琐碎的校对,他们都义无反顾,全力以赴。没有这批朋友,《唐研究》也不会坚持到今天。

为了给新主编提供运作空间,原编委会至第23卷出版后自动解散。经唐研究基金会与北京大学中国古代史研究中心协商决定,由叶炜教授出任主编。衷心希望大家支持新主编的工作,让《唐研究》越办越好。

（2017年12月21日完稿,载荣新江主编《唐研究》第二十三卷,2018年3月由北京大学出版社出版。）

下　编

張廣達　榮新江　著

于闐史叢考

张广达、荣新江著《于阗史丛考》

《于阗史丛考》后记

　　位于今新疆塔里木盆地西南沿的和田,古称于阗,在11世纪突厥化以前,居民操一种中古伊朗语,即于阗语。作为丝绸之路上的一个绿洲王国,她曾在东西文化交往中扮演了至关重要的角色。过去,由于解读研究于阗文献的伊朗语专家大多不谙汉文,而熟悉汉文材料的中亚史学者又难以接触中古伊朗语文献,因此,于阗的历史在中亚史家笔下往往轻描淡写,几笔带过。然而,我们认为,对于像于阗这样的中亚王国做细致的个案考察,是推动中亚研究的进步,深入阐释西域历史文化所必不可少的环节。

　　1980年,我们开始以敦煌汉文文书为基础,参照欧美学者数十年来研究于阗文献的成果,探讨于阗历史。1982年发表了第一篇研究报告——《关于唐末宋初于阗国的国号年号及其王家世系问题》,虽然现在看来有些结论不免粗疏,但却受到海内外中亚史、敦煌学和伊朗学研究者的重视,并被译成法文,发表在1984年巴黎出版的《敦煌研究论文集》(*Contributions aux études de Touen-houang*)第3集上。感谢法国突厥学家J. Hamilton教授和日本伊朗语学者熊本裕博士,他们针对我们的论述的商榷文章,推动了我们进一步的研究。此后,我们有机会先后游学欧洲和日本,较为系统全面地收集了国外学者有关的研究成果,并与一些学者如H. W. Bailey、R. E. Emmerick、J. Hamilton、熊本裕等先生,就有关问题交换了看法。与此同时,我们还系统地收集了汉、藏及其它文献中的于阗史料,将研究视野扩大到伊斯兰时代以前的整个于阗历史和文化。1988-1989年发表的《关于和田出土于阗文献的年代及其相关问题》和《关于敦煌出土于阗文献的年代及其相关问题》,是我们系统探讨于阗语文献年代的姊妹篇,同时也是整理唐宋时代于阗史料的基础性工作。与此相关联的文章还有《和阗、敦煌发现的中古于阗史料概述》、《敦煌文书P.3510(于阗文)〈从德太子发愿文〉及其年代》、《巴黎国立图书馆所藏敦煌于阗语写卷目录初稿》、《〈唐大历三年三月典成铣牒〉跋》诸文。此外,收入本集的《敦煌"瑞像记"、瑞像图及其反映的于阗》,是对有关于阗瑞像的文字和图像材料的全面整理,并借以探讨晚期于阗佛教思想。《于阗佛寺志》一文,则是从佛寺的角度来看于阗的佛教史。而《上古于阗的塞种居民》,是用文献史料,印证考古研究的结果。

　　与丰富的于阗历史文化内涵相比,我们的工作是初步的,今后尚有许多课题有待我们去努力研究。近日欣闻,圣彼得堡藏有242件于阗语世俗文书,这接近了今天已知的于阗语文书300件的数量。在这242件文书中,118件较大,124件为小片,这批文书尚待拼接,其中20件完整,98件为碎片。尤其值得注意的是,这批文书出于人们已知的杰谢镇(Gayseta),村正也是斯略(Sīḍaka)。闻Emmerick教授已有该批文书的复印件,其中不少件上有汉文,我们对杰谢镇、斯略留下的文献所做的研究,因而需做大大的补充。

　　我们借此机会,感谢以下学者对我们这项研究给予的鼓励和帮助,他(她)们是北京大学季羡林教授、邓广铭教授、周一良教授、香港中文大学饶宗颐教授、英国剑桥大学Harold Walter Bailey教授、德国汉堡大学Annemarie von Gabain教　授、Ronald E. Emmerick教授、日本京都大学藤枝晃教授、东京大学池田温教授、熊本裕博士、荷兰莱顿大学Eric Zürcher教授、法国法兰西学院Jacques Gernet教授、高等实验研究院Michel Soymié教授、James Hamilton教授、Jean-Pierre Drège教授、法国科研中心吴其昱先生、法国国立图书馆Monique Cohen夫人、Hélèn Vetch女士、英国图书馆Frances Wood博士、Beth Mickillop博士、新疆社会科学院殷晴先生、上海汉语大词典出版社徐文堪先生、美国哈佛大学Prods Oktor Skjaervø博士以及已故的美国宾夕法尼亚大学Mark J. Dresden教授、匈牙利科学院Geza Uray教授等。我们还要衷心感谢上海书店出版社的同志们，他们不计名利，为学术专著的出版做了大量的工作。

（1992年7月10日完稿，与张广达先生合撰。本书1993年12月由上海书店出版社出版。）

《英国图书馆藏敦煌汉文非佛教文献残卷目录（S.6981–13624）》自序

我们从藤枝晃先生的文章中，早就得知英国图书馆藏有未公开的 S.6981 以后的文书。1981 年，业师张广达先生走访英伦，带回了一些有关这部分文书的草目。1985 年，我有机会访问该馆，亲见这一部分写本中的一些重要文书，随即与该馆中文部吴芳思博士（Dr. Frances Wood）商议编写 S.6981 以下写本注记目录的事宜。1991 年，方广锠博士和我由"王宽诚英国学术院奖学金"（British Academy K. C. Wong Fellowships）资助，应邀到英图编 S.6981 以下写本目录，方广锠负责佛教文献部分，我负责世俗文书部分。事实上，佛教与世俗文书在敦煌写本中有时很难分类，我们大致根据各自所长，凡属于文献范围的，如经帙、写经录、欠经录、借经状以及一些佛教内容的曲子词，均归方广锠负责编目；而与历史研究相关的寺

香港敦煌吐魯番研究中心叢刊之四

英國圖書館藏 （S.6981—13624）
敦煌漢文非佛教文獻殘卷目錄

榮新江 編著

新文豐出版公司印行

荣新江编著《英国图书馆藏敦煌汉文非佛教文献残卷目录（S.6981-13624）》

院行政和寺院经济文书,则由我编目。

1991年2–8月间,我在英国图书馆据原件编目,回国前编成《英国图书馆藏敦煌汉文残卷(S.6981–13624)目录(非佛教部分)》,回国后又续有修订补充。这部注记目录除标题外,包括对外观、内容、专有名词、题记、朱笔、印鉴、杂写、年代及其与其他写本的关联等情况的提要,凡能找到有关该号写本的研究文献和图版,均予著录,后附分类索引和关联写本编号索引。与此同时,这部分残卷的照片也摄回北京,由《英藏敦煌文献》编委会编辑整理。负责这部分写本编辑的宁可先生邀我参加编辑工作,并在1992年9月召开了编委会,审定这部分的标题,经过与周绍良、沙知、宁可、宋家钰、张弓、郝春文、李德龙、徐庆全诸先生的讨论,确定了《英藏敦煌文献》第12–14卷所收各卷的标题。应当说明的是,《英藏敦煌文献》所收,较我的目录为宽,有些世俗文书,经过讨论,修正了我的目录原稿的不确切处;而有一些文书的标名,由于《英藏敦煌文献》前面几卷已经有了固定的称法,仍统一不变,而我的目录则仍用我认为较为合适的名称,所以二者虽然都有我的署名,但略有不同。目前,《英藏敦煌文献》12–14卷正在印刷中。

从内容来讲,本目录是翟林奈目录和刘铭恕目录的继续;从形式上,本目录采用我认为目前敦煌写本目录中较好的法国《敦煌汉文写本目录》著录方式,按编号顺序排列,后附写本分类索引。这部分文书并非敦煌文献的全部,不宜于编分类目录,所以,这里的分类索引也只是以类相从大致归类,以便读者使用。由于有些写本过于残破,著录项目也未能完善。从整个敦煌写本编目工作来说,本目录只是一个阶段性的成果,目的是提供给人们使用这部分写本的指南。

如前言中所述,这部分写本大多为残片,没有头尾,给编目带来重重困难,有时一个不到十字的纸片要查上几天的书才有结果,这种工作的确花费了许多时间。但这是一个很好的检验自己所学知识的机会。在比定出十九片《列子》时,在找到S.3329所缺的《张淮深碑》小纸块时,也有一番发自内心的喜悦之情。然而,在交付出版之前,和其他已刊敦煌写本目录一样,仍有一些古籍写本未能比定出来,诚望博雅方家,批评指正。

最后,我应该感谢在英国编目时给我以帮助的Dr. Frances Wood, Dr. Sarah Allan, Dr. Beth McKillop, Mrs. Xiaowei Bond, Dr. Wang Tao。吴芳思还为本书做序,饶宗颐先生为本书题签,均使此目录增色。我还应感谢在编目中给予帮助的吴其昱、张锡厚、高田时雄、赵和平、邓文宽诸位先生以及上面提到的各位先生。

（1993年11月9日完稿。本书1994年7月由台北新文丰出版公司出版。）

《海外敦煌吐鲁番文献知见录》序

　　要写这样一本小书的原因,是我有幸走访了英、法、德、俄、日这五大海外敦煌吐鲁番文献收藏地,这在"敦煌学"的圈子里是少有的经历。

　　1984年9月,按照合作培养研究生的计划,业师张广达先生送我到荷兰莱顿大学汉学研究院,师从许理和(Eric Zürcher)教授学习一段时间。行前,我据国内能够找到的材料,做了调查欧洲所藏敦煌吐鲁番文献的一些准备。1985年4-6月间,我自荷兰出发,独自走访了伦敦、巴黎、柏林、不来梅、哥本哈根、斯德哥尔摩等地的收藏单位,并拜访了剑桥大学的贝利(Harold W. Bailey)教授、汉堡大学恩默瑞克(Ronald E. Emmerick)教授等人,获知了一些我无法见到的收集品。此行的见闻,我曾写成《欧洲所藏西域出土文献闻见录》一文,发表在《敦煌学辑刊》1986年第1期上。这篇文章受到海内外敦煌学界的广泛重视,激励

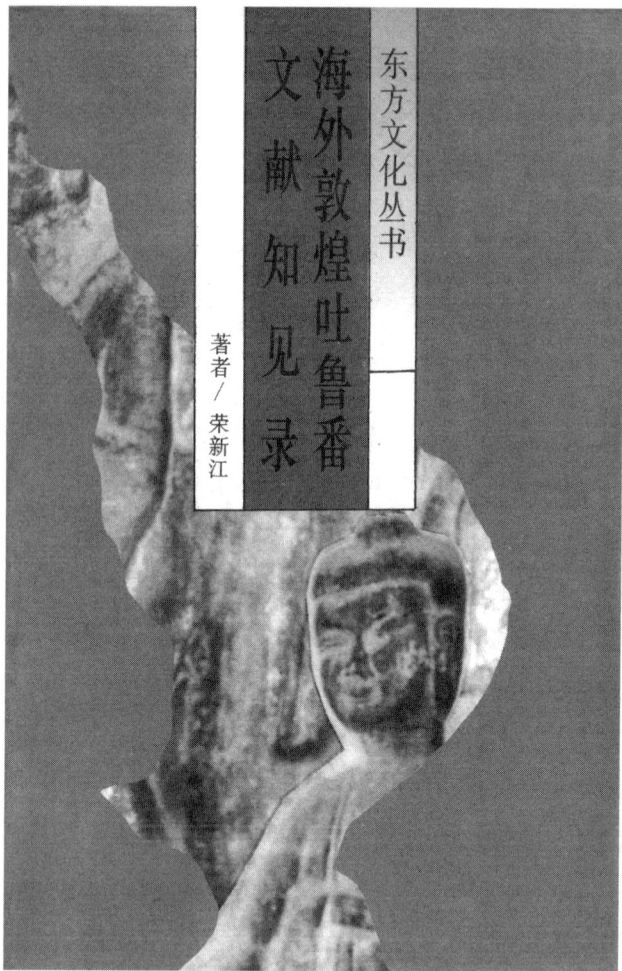

荣新江著《海外敦煌吐鲁番文献知见录》

我在这方面继续努力。

1990年9月至1991年2月,百济康义先生邀请我到日本龙谷大学访问。在此期间,除了饱览大谷文书外,走访了日本敦煌吐鲁番文献的主要收藏单位,还通过百济先生,了解了芬兰和土耳其藏卷的情况。1991年2—8月,应英国图书馆的邀请,由英国学术院王宽诚奖学金资助,再访英伦,编写斯坦因所获残卷目录。其间,我有机会再访巴黎,并前往当时的苏联列宁格勒(今圣彼得堡)考察。这一年的收获极为丰富,但回国后无暇整理,只写了关于龙谷大学图书馆和静嘉堂文库藏卷两篇小文。1994年10—11月,我又有机会东渡日本,进一步了解一些日本藏卷的情况。此行为本书的撰写做了最后的资料准备。

本书按国家和馆藏为单元撰写,各馆藏卷数量相差很大,但各章节文字的多少并非与藏卷的多少成正比。本书的内容包括文献的来源、藏量、最主要的整理工作和研究成果的概要介绍,以及我本人对一些文献的调查札记。书名曰"敦煌吐鲁番文献",实际的范围则包括以敦煌吐鲁番为主的整个中国西北出土文献。而特别标明为"文献"的目的,是为了与文物相区别,由于专业的原因,对于文物材料只是简要地提示一下,但文物上的文字材料则作为文献来对待。

我借此机会感谢在我的考察过程中给予帮助的下列人士:荷兰莱顿大学Prof. Eric Zürcher、Prof. W. L.

Idema、Mr. John T. Ma、Prof.James Liang, 英国图书馆Dr. Frances Wood、Mrs. Xiaowei Bond, 英国博物馆Dr. Anne Farrer, 印度事务部图书馆Mr. Michael O'Keefe, 维多利亚博物馆Mrs. Beth McKillop, 伦敦大学亚非学院Dr. Sarrah Allan、Dr. Wang Tao, 法国国立图书馆Mme Monique Cohen、Mlle Hélène Vetch, 科研中心Prof. Michel Soymiè、M. Wu Chi-yu、M.Dzo Ching-chuan, 德国汉堡大学Prof. Ronald E. Emmerick、Dr. Gerd Gropp, 不来梅德中友协Dr.Thomas Heberer, 德国国家图书馆Dr. H. -O. Feistel, 俄罗斯圣彼得堡东方所Prof. L. N.Men'sikov、Prof. L. I. Chuguyevsky, 丹麦皇家图书馆Mrs. Kirsten R. Lauridsen, 瑞典人种学博物馆Dr. Bo Sommarström, 日本龙谷大学百济康义教授、上山大峻教授、小田义久教授、木田知生先生、北村高先生、中田笃郎先生, 京都大学藤枝晃教授、竺沙雅章教授、砺波护教授、高田时雄先生, 东京大学池田温教授、熊本裕教授, 新潟大学关尾史郎先生, 九州大学坂上康俊先生, 花园大学衣川贤次先生, 东京国立博物馆台信祐尔先生、谷丰信先生, 京都国立博物馆上山春平馆长, 有邻馆藤井善三郎馆长, 宁乐美术馆中村准祐馆长, 静嘉堂文库增田晴美女士等。我还要感谢业师张广达教授、人民大学沙知教授、武汉大学陈国灿教授、敦煌研究院施萍婷研究员和马德先生对本书写作的具体帮助。最后,感谢季羡林、周一良、庞朴三位主编把本书列入

《东方文化丛书》,而且向江西人民出版社游道勤先生特致谢意,没有他的督促和帮助,本书也难以摆在读者面前。本书完稿后,由孟宪实、姚崇新、刘诗平、雷闻诸君通读一遍,改正一些错字,在此一并感谢。

本课题获国家社会科学基金资助,谨此致谢。

（1995年3月12日完稿。本书1996年6月由江西人民出版社出版。）

中國 傳統文化研究叢書

歸義軍史研究
——唐宋時代敦煌歷史考索

榮新江 著

上海古籍出版社

榮新江著《归义军史研究——唐宋时代敦煌历史考索》

《归义军史研究——唐宋时代敦煌历史考索》前言

　　本书题为"归义军史研究",副题为"唐宋时代敦煌历史考索",确切地讲是对9世纪后半期至11世纪前期将近二百年间的以敦煌为中心的西北历史的研究。从中原王朝的分期来讲,归义军跨越了晚唐、五代、宋初三个时段;从地域上来说,其领地涉及河西与西域。正是由于归义军处在中原王朝之"王命所不及"的西北一隅,所以在偏重记载中原历史的传统史料中对其语焉不详,《新唐书》和两《五代史》将之附在《吐蕃传》中,《宋会要》和《宋史》则列入《蕃夷》和《外国传》,所记皆极为简单。1900年,在敦煌莫高窟发现了大约1002年以后不久所封闭的藏经洞,洞中出土了数以万计的佛典、四部书和公私文书,年代虽说是从5世纪初到11世纪初,但各个时代写本的多少比重不同,时间越晚,材料越多;而且文书的内涵也因世代不同而多少不等,时间越后,世俗文书越多,换句话说,就是有关归义军的史料最多。

敦煌文书的发现,为归义军史的研究提供了史料基础,但从传统的历史学观点来看,归义军研究这一课题似乎过于狭窄。我之所以选择这样一个主题来加以讨论,是基于以下几点考虑。

旧史家为国史的研究提供了丰富的史料,这是我们常常引以为自豪的事情。但与之俱来的一个缺点是,今天的历史研究方向和结论,往往受到旧史家的影响,因为我们所依据的材料主要是出自官僚士大夫的手笔。敦煌文书提供了一批未经任何史家所窜改的原始资料,我们常常可以通过一个事件发生的当时所遗留下来的材料看这件事情本身,这就可以揭开旧史所掩盖的一些历史真相。如归义军初期,唐朝所留下的史料较多地渲染张议潮的归降和献款,而通过敦煌文书,我们可以清楚地看出张议潮乃至张淮深与唐朝明争暗斗的情形,从而可以更深刻地理解归义军作为晚唐的一个藩镇与中央朝廷之间若即若离的关系。

归义军在唐朝是一个边远的藩镇,五代、宋初则成为实际的外邦,这是归义军在中国历史上的特性之一。传统的史书都是以中央王朝为主线而加以记录的,所记多是帝王将相的事迹。敦煌文书中的归义军史料,提供给我们研究唐代地方史的多方面资料,而且,从节度使到一般民众,都有丰富多彩的文献可供研究。归义军时期的敦煌文书,包括许多传世史料所没有的胡语文书,还记录了当地和周边的各民族的情况,更为珍贵。可以说,归义军史料提供了我们做历史研究的一个新的出发点,也提供给我们研究历史的新视角,本书揭示的归义军与甘州回鹘、西州回鹘之间的战争和文化交往史事,就是传统史料所不及的地方。

在中国历史的发展中,归义军在某些方面有其不可磨灭的历史地位。敦煌自汉代以来就是中原王朝的边陲重镇,特别是经营西域的最重要基地。与此同时,敦煌又是中原战乱时部分世家大族的避难地。魏晋以来,敦煌保存了许多汉文化的精华,并为隋唐制度、文化的形成作出了贡献。经过唐朝一百多年的统治,这种汉文化更加根深蒂固。然而,自786年开始,吐蕃王朝在敦煌统治了六十多年,改变了原来的政治经济体制,也使当地民众的语言习俗有了较大的变化。归义军成立后,规复唐制,强化汉文化的教育,并不断吸收中原文化的营养成份,使得汉文化在敦煌乃至河西部分地区巩固下来。相反,从南北朝到隋唐时代的高昌,虽然也有着强大的汉文化基础,但经过此后西州回鹘的长期统治,已经和中原文化基本脱节了。

敦煌不论从地理范围还是从州县等级来说,都不能算大,但它位于丝绸之路上的咽喉地段,自汉代以来就是“华戎所交,一都会也”。这里既是东西方贸易中心和商品中转站,又是中国文化西传的基地和西方文化东来的最初渐染地。自汉至唐,敦煌这个国际都会的兴与衰是和这一地区和平还是战乱紧密相关的。唐朝所创造的和平环境,为敦煌多姿多彩的文化的繁荣提供了保证。在经过吐蕃征服和统治后,归义军维持了敦煌地区近二百年的社会稳定而不受战争摧残(短命的金山国除外),使当地的文化得以保存,得以发展。佛教继续盛行,敦煌莫高窟迎来了一个新的造窟高潮;在中国其他地区基本绝迹的祆教,仍在敦煌进行着赛神活动;这里的景教徒可以与西州回鹘的景教牧师自由往来;甚至摩尼教的经典也还完整地保存在寺院的藏书中。藏经洞中保存的那些汇聚各种文化的典籍,也可以说是敦煌保持了一个国际都市面貌的完整体现。这是归义军对中国历史的另一个贡献。相反,原本较敦煌更具规模的国际大都会凉州,却就是在这两百年间衰落下去,战乱频仍,不复昔日之盛。

然而,敦煌文书大多残缺不全,与传世史籍性质不同。因此,研究归义军史与研究断代史不同。中国古代断代史的研究,几乎都有各代正史、编年史、别史或其他史料可依,大致的脉络是清楚的。归义军史则完全没有详实的史书可言,敦煌所遗留下来的公私残文书,数量虽多,但大多是作为佛典的附属品而保存下来的,所以杂乱无章;而且,文书发现以后又分散收藏在英、法、俄、日、中等国的公私收藏者手中,数万件写本没有分类地与佛经、道典、四部书混在一起,研究者要像处理最原始的档案一样,首先做文字校录,将残文书整理成可读的文献,然后才能参互对比,进行研究工作。

归义军史的研究是随着藏经洞的发现而开始的,而且一直是和对于文书的整理工作同步进行的。如罗振玉《补唐书张议潮传》和《瓜沙曹氏年表》,辑录了传世史料和部分敦煌文书中的归义军记载;王重民《金山国坠事零拾》录出了有关金山国的最基本的文书材料;向达《罗叔言〈补唐书张议潮传〉补正》大量引用了莫高、榆林两所窟群中的供养人题记;唐长孺《关于归义军节度的几种资料跋》考订了新公布的伦敦藏卷中最重要的一些归义军史料,虽然所见文书不多,但筚路蓝缕,厥功至伟。但由于敦煌文书散在四方,前辈学者不免受到时代的局限。即如研究条件远较中国学者优越的日本京都大学藤枝晃教授,从40年代以来就撰写了《沙州归义军节度使始末》、《敦煌的僧尼籍》、《敦煌千佛洞的中兴》、《敦煌历日谱》等一系列与归义军史相关的长篇论文,但最终也未能全部检索包含世俗文书最多的伯希和所获文书。自70年代末巴黎公布这批文书后,加之此前早已公布的伦敦藏斯坦因文书和北京图书馆藏卷,我们今天可以看到最主要的三家敦煌收集品,因此,近十年来有关归义军的研究论著层出不穷,虽说成果斐然,但玉石混杂。

我上大学二年级时,恰好巴黎、伦敦、北京所藏敦煌写本缩微胶卷购入北大图书馆,课下按编号顺序检索写卷时,就已留意归义军史料。1982年上研究生后,在导师张广达先生的指导下,以"归义军及其与周边民族的关系"为研究课题,开始系统阅读前人研究成果,并广泛收集有关归义军的各种史料,包括节度使文书、各官府衙门文书、寺院文书、发愿文、文学作品、写经题记、契约等等,本着六经皆史、四库皆史的精神,抄录各种文书和史籍资料。1985年,有机会走访了英、法等国,抄录了一些缩微胶卷上看不清楚的文书,但所见有限。1986年在《敦煌学辑刊》上发表的《归义军及其与周边民族的关系初探》,即是初步研究的成果。以后又以此文为基础,重新考虑并系统地研究归义军史,陆续撰写了一些有关的论文。1990-1991年,我又有机会走访查阅英、法、日、俄四国所藏敦煌文书,见到S.6980以下数千号未刊文书和部分俄藏未刊重要文书,在日本公私藏品中,也有一些新的发现。在此基础上,对已发表的论文做了全面的修订,并新撰了一些论文,形成本书的基本结构。

　　本书重点是探讨归义军的政治史和对外关系史,大体按其历史发展的脉络展开讨论。考虑到前人所做的成绩,本书并非平铺直叙地写归义军史,因此每一章节字数不求一致,而以揭示史实为主要目的。第一章用大事年表的形式,给读者一个我们目前所知的归义军主要史事的全貌,并就归义军的改元年代一一做了考证。第二章详细研究历任节度使的在位年代和其所用称号的年代界限,目的是建立归义军史的年代体系,同时希望用称号所涉及的大量文书,来确定归义军时期敦煌写本的年代学。第三至七章是对归义军政治史中比较混乱的一些问题的专题研究,从张议潮、张淮深与唐中央朝廷的关系,张、索、李三家政争,金山国的建国年代,以及曹氏归义军首任节度使是谁等等问题,提出了自己的看法。至于曹元德以后的归义军,其政治史的脉络比较清楚,不烦详述,故此第八章讨论曹氏时期的归义军与中原的文化交往问题。第九章研究在归义军史上不容忽视的佛教教团,重点考察其佛教教学活动和民俗佛教的发展,并就河西都僧统的年代做了考证。第十、十一两章全面探讨了归义军与东西方两支回鹘势力的关系,既有战事,又有文化交往。本书各章节大多曾在学术刊物或论文集中发表(参看第一章第一节后所附参考文献目录),收入本书时,文章的基本结构不变,但做了全面的补充修订。附录中的文章,是对有关张氏归义军的最重要史料的整理研究,可视作对原始文书加以整理的一个例子。书中所引文书,凡前人有录文者,选取较佳者注出,但大多经过笔者校对,有些是据原件核定的。书后编制本书所引敦煌文献编号索引,以便学人参考。

对于归义军史的研究，本书只是一些初步的工作，许多课题有待深入探讨；而书中所论，也难免有错，敬希方家教正。

最后，谨向为本书作序的季羡林先生和引导我做此项研究的业师张广达先生表示衷心感谢；也向为本书出版付出劳动的李伟国、府宪展、蒋维崧先生深表谢意，特别是蒋维崧先生以认真负责的态度，核对了全书引文和编号，改正笔者原稿的一些错误，应当铭记于此。

（1993年12月21日完稿于北大中关园。本书1996年11月由上海古籍出版社出版。）

《敦博本禅籍录校》后记

　　这是我们二人合作的一本关于敦煌本禅宗文献的著作。

　　我们二人曾先后在北京大学历史系受业于著名学者张广达教授。后来虽然一位主要致力于归义军历史,一位主要致力于敦煌吐鲁番天文历法文献研究,但都不出敦煌吐鲁番领域。在经过长期的准备工作之后,1992年初,我们开始着手敦博本077号禅籍的整理和研究。最初曾作分工:荣新江主要负责本书中的神会文献,邓文宽主要负责《六祖坛经》和净觉的《注般若波罗蜜多心经》。虽有这样的大致分工,但我们在工作中反复讨论,不断交换意见,以求共识。我们之间确定了这样一个原则:朋友归朋友,但学术上绝不迁就,以求将二人的力量充分发挥出来。职是之故,本书出版后,学术界褒贬是非,均由我们二人共同负责。我们充分认识到,友谊比名利更值得珍重。

敦煌文獻分類録校叢刊

敦博本禪籍録校

七

邓文宽、荣新江录校《敦博本禅籍录校》

这本书虽然耗费了我们四年多的时间和精力，我们虽也力求认真严肃地将工作做好，但限于学养和功力，仍然不能认为它已臻成熟。尤其是旅博本《六祖坛经》原件下落不明，至今只能见到首尾照片各一帧，在资料上就受到局限。我们热切期待学术界的批评指正，渴望知道旅博本《坛经》下落者，或告知所在，或赐予照片，以便将本书加以修订。

在本书基本定稿时，我们收到好友、台湾中正大学教授郑阿财兄寄赠的潘重规老先生新著《敦煌新本六祖坛经》一书。由于交稿时迫，未及取之入校。潘老所认读出的《六祖坛经》中诸多唐五代河西方音通假字，我们在此前的单篇论文中多已论及（见《敦煌研究》1994年第1期）。所以作此说明，在于不敢掠美。潘著的各种优点，我们将在另一部书中加以吸收，并出注说明。

本书在收集资料的过程中，曾得到法国吴其昱先生，日本衣川贤次、小川隆二位先生的大力相助；写作中得到著名学者季羡林、周绍良二位老先生的指教，二位先生又于百忙中为本书作序，其奖掖策勉后学之心令我们十分感佩；张涌泉、黄征二位先生亦曾提出过宝贵意见；敦博本077号原件的拍摄，曾得到敦煌市博物馆馆长荣恩奇先生、中国文物研究所摄影师杨术森先生的支持；敦煌文献编辑委员会一直关注着本课题的进行，并将书稿纳入《敦煌文献分类录校丛刊》出版。谨此，一并致以诚挚的谢忱。

（1995年2月9日完稿，与邓文宽合撰。本书1998年12月由江苏古籍出版社出版。）

《鸣沙集——敦煌学学术史与方法论的探讨》序

大约十年以前,林聪明先生开始主编《敦煌学导论丛刊》,即约我写一本《敦煌地理文书导论》,因为那时我正在校理敦煌出土的地理志书和行纪类写本。我校敦煌地理文书,原本只是作为研究敦煌写本的基本功,所以不能专心致志。待文书校订一过后,已经有郑炳林《敦煌地理文书辑校》、王仲荦《敦煌石室地志残卷考释》、桑山正进编《慧超往五天竺国传研究》、张毅《往五天竺国传笺释》等陆续出版,而李正宇和李并成两位先生在实地考察的基础上,对敦煌方志所记山川、河渠、建置、道路等均有详细的考证,远非在北京的我所能及。因此,林先生的约稿迟迟未就。八月间,林先生过京,又约为他主编的《敦煌丛刊二集》写稿,盛意可感,遂相商废弃旧约,另制新篇。

我历年所撰敦煌学文字,除已结集的《归义军史研究》和《海外敦煌吐鲁番文献知见录》外,倒是大都

鸣沙集

榮新江著

荣新江著《鸣沙集》

数"纯"属于敦煌学的范围,有论文,有回顾和展望,有书评,还有个别学习敦煌学大家的心得体会,因略加整理,编成是集。本集所收敦煌学论文、书评等,内容大体涉及两个方面,一是敦煌学的学术史问题,一是敦煌学的方法论问题,而所探讨的材料,基本上是出土于鸣沙山下的莫高窟藏经洞,故此题作《鸣沙集》,而以"敦煌学学术史和方法论的探讨"为副题。

然而,本书并非系统地探讨敦煌学的学术史和方法论问题,只是就敦煌学的某些方面有所总结,并以书评的形式探讨了一些敦煌学的研究方法。事实上,迄今还没有真正意义的、具有权威批评性的敦煌学学术史著作出版,也没有系统的敦煌学方法论的著作问世,但面对着突飞猛进、玉石混淆的敦煌学的现状,我们需要利用各种形式的文章,大到一篇专论,小到一个脚注,来表彰先进,黜退陈腐,使敦煌学健康地发展。

敦煌学本来不是一门严格意义上的学科,所以利用敦煌资料来研究宗教、语言、文学、历史、艺术、考古等方面的学者,当然要遵守所属学科的学术规范。同时,敦煌学又是独立存在的客观现实,也有一些处理敦煌写本和洞窟材料的专门方法,这方面的方法论问题尚有待系统地讨论。遵守学术规范,首先是要尊重前人的劳动成果,最简单的作法是要指出你所处理的问题或资料的前人研究成果,这同时也是表明你本人的研究在哪些方面超过了前人。换句话说,表彰别人的成就,是对自己所取得的成果的肯定。从目前的敦煌学界所发表的大量成品来看,也和其他许多学科一样,存在着大量不符合学术规范的次品,相信陆续发表的书评和将来的敦煌学学术史著作对此会做出毫不留情的批评。具体的学术规范问题,也即具体的方法论问题,诸如史料的校订,引文的出处,甚至论著的出版年份、卷期、页数等,对于敦煌学研究的进步来讲也不容忽视。在这方面,敦煌学的确有其本身的特性。比如,利用敦煌文献所作的研究,首先应当重视原本,但大多数有学术价值的写本存在国外,能亲睹原卷的人毕竟有限。这样就使得原本上的朱笔淡画常常被忽略,但根据原卷对这些外观加以详细描述的法国和英国编纂的目录,却很少见到人们加以利用。其次是图版,在近年四川人民出版社刊出《英藏敦煌文献》、上海古籍出版社刊出《俄藏敦煌文献》、《法藏敦煌西域文献》等清晰图版前,人们多用缩微胶卷或《敦煌宝藏》,但仍有不少更为清楚的照片在这些合集以外,如早年书刊上发表的照片,又如王重民先生摄回而存于北京图书馆敦煌吐鲁番资料中心的照片,还是值得加以利用的宝藏。最大的问题是录文,因为敦煌学界没有像历史学界那样拥有标点本二十四史,有不少写本都是在最近的年代里才被学者随同研究论著一起抄录发表,各人的录文质量水准相差虽然不大,但有些极为关键的字词是衡量录文好坏的准绳。现在有的研究者只图省事,所引写本往往只注编号,似乎都是他一人从原卷录出的,其实不然。合理的做法是应当注出录文的根据和自己的重要更正,注明出处就如同引用二十四史的标点本一样,并不损害一篇论文的价值。

敦煌学界在学术史和方法论上存在的问题,是有些研究者在没有就所研究的问题广泛收集原始材料和研究成果的时候,就急于写文章。有的则是明知故犯,把别人的成果偷梁换柱变成自己的"成就"。从另一方面来讲,迄今的敦煌学研究成果里面,基础工作很不够,如研究者受到外语的限制,没有重编更为详尽的世界各地所藏敦煌写本目录,特别是带有每个写本研究成果索引的写本目录尚未出现,研究者若不勤于积累,其研究成果必然是不完美的。

上述有关学术史和方法论的想法,贯穿于本书各篇文章当中。希望本书能够在敦煌学向更严格的学术天地迈进时,助上一臂之力。

本书所收文章,除个别文字订正外,基本上没有大的改动,因为有些关于学术史的评论自有其时间性。一些篇章附载了新拍或新补的图版资料,为此向提供照片资料的英国图书馆东方部、北京大学图书馆善本部、东京国立博物馆东洋馆表示感谢。同时还应向为本书编辑出版提供帮助的林聪明先生、郑阿财先生、郝春文先生表示感谢，另外，还要特别感谢林悟殊先生、邓文宽先生、赵声良先生允许我把合撰的文章收入本集。

（1997年11月15日完稿。本书1999年9月由台北新文丰出版公司出版。）

《敦煌学十八讲》后记

敦煌学是我多年来的一个研究方向,也在北大历史系开过多次课。撰写一本敦煌学讲义的想法,很早就盘桓于心中,但因冗事繁多而无暇顾及。由于朱庆之教授的鼓励,张文定先生的督促,这半年来陆续着手,整理讲义,编次旧文。这原本看似容易的事,也并不简单。因为敦煌学原本就不是一门有系统的学问,所以,过去我讲敦煌学的课程时,也没有一定之规。除了最基本的内容外,每次总是想换些新的内容,因此,我的讲义是不固定的,有不少临时加进去的内容没有形成文字,而有些思考成熟的问题已经写成文章发表。这次编纂,一方面是把有想法而没有文字的部分写出来,另一方面是把已经发表的文章整合到讲义中去。

敦煌学的内容比较庞杂,因为我主要是给历史系的学生上课,所以还是偏重历史和文献方面。十八讲的内容大体上有六个方面,一是敦煌简史(第一、第

敦煌学十八讲

荣新江◎著

北京大学出版社

荣新江著《敦煌学十八讲》

二讲），二是敦煌藏经洞的发现和文物流散、研究的历史（第三至第八讲），三是敦煌材料的史学研究问题（第九至十一讲），四是各种敦煌文献及其价值的介绍（第十二至十五讲），五是对敦煌石窟各个方面的概说（第十六讲），六是敦煌写本外观和辨伪问题（第十七、第十八讲）。这样大体上囊括了敦煌学的主要内容，而又突出了历史学所关注的主要问题。

撰写敦煌学讲义与其他学科的讲义有所不同的是，我不仅要依靠史料，更大程度上是要依靠中外学者的研究成果。因此，本书包含了比较多的注释，这既是不得已而为之，也是敦煌学的研究现状所决定的。我倒是希望借此方法，给想深入一步的学子，多提供一些参考文献的出处，免去他们的翻检之劳。

无论如何，撰写敦煌学讲义是一个新的探索，必然有一些错误没有发现，希望读者不吝赐教。

本书的编写，获得了北大教材基金的资助。余欣、王静、孟宪实、朱玉麒、姚崇新、雷闻诸位同学帮助做了一些文字和校对工作，使本书得以顺利完成，在此表示诚挚的谢意。最后，我还要感谢历年来选修过我的敦煌学课程的同学，教学相长，每次上课，我都会从同学们那里得到启发，乃至教益，这也正是我们这些教书匠工作中的最大乐趣。

（2001年7月18日完稿。本书2001年8月由北京大学出版社出版。）

SQXIHY
&

中古中国
与
外来文明

荣新江 著

生活·讀書·新知 三联书店

三联 ·哈佛燕京学术丛书

荣新江著《中古中国与外来文明》

《中古中国与外来文明》后记

　　我上大学时写的第一篇史学习作,是有关唐代中外关系史的。文章很不成熟,却让我有幸得以拜见张广达先生。张先生不嫌我年轻幼稚,耐心地讲起中外关系史的许多话题,示我以治学门径。以后我跟随张先生做于阗史和敦煌学方面的研究,成为他的第一个研究生。他手把手地教我阅读史料、熟悉研究成果、提高专业外语能力,细心地修改我的每一篇文章初稿。张先生的学术研究范围极广,他以不同的形式,给我打开一扇扇学术的门扉,从北大教室的讲坛,到塔里木盆地的考察路上;从季羡林先生的"西域研究读书班",到巴黎国立图书馆前的小花园;话题从唐朝、敦煌、于阗,一直到遥远的西方,时时接触到中西关系史的话题,引发了我这方面的极大兴趣。

　　1984年以来,我有机会多次走访欧美、日本各国学术中心,收集敦煌、吐鲁番、和田等地出土文献材料中的中外关系史料和国外学者的相关研究成果,同时拜访学者专家,或求学问道,或交流心得。我先后比较充分地使用过荷兰莱顿大学、英国伦敦大学亚非学院、法国高等汉学研究所、德国柏林科学院吐鲁番研究中心、日本龙谷大学、京都大学人文科学研究所、美国耶鲁大学、香港中文大学的图书馆,收集了大量研究资料。在与国外从事汉学、中亚学、伊朗学研究的学者交往中,扩大了眼界,熟悉了他们所研究的语言、考古、艺术史以及历史方面的课题。特别是与研究粟特、于阗、祆教、摩尼教方面的伊朗学专家的接触,逐渐把我引向中国与古代伊朗文明关系的研究。

在把于阗史和敦煌归义军史的研究暂时告一段落以后,我开始转向中西关系史研究。第一步是想深入探讨粟特、波斯等伊朗文明对中古中国的影响,发掘前人忽视的材料,填补旧有知识的不足。本书就是这十年来耕耘的初步成果,可以分成四个部分,前三部分是三组论文,每一篇大体上归入一类,实际上相互之间多有关联,最后一部分是书评,可以看作是前三部分的补充。

除了《北朝隋唐粟特聚落的内部形态》一篇之外,其他论文和书评都曾发表过,这次集中起来,便于读者整体了解我的思路,也借机调整一些文章的内容和改正一些错字。

我给本书命名为"中古中国与外来文明",一是因为书中讨论的时段主要是汉唐时期,而内容主要是进入中国的伊朗系统的文明及其影响;二是想用一个较为宽阔的题目,开启一项新的研究。在这个范围里,有许多历史值得重写,有不少理论问题也值得深入讨论。

在本书即将出版之际,首先我要感谢恩师张广达先生多年来的关怀和指导。张先生虽然近年来逗留欧美,却一直关心弟子的学业。除了书信往来,每次见面,无论是在巴黎,还是在柏林、纽黑文,都给我很多启迪。拙著编成后,他欣然命笔作序,不仅清楚地指出我的学术理路,而且根据国际学术发展的趋势,高瞻远瞩,为我进一步的研究指明了方向。

在中外关系史的研究过程中,我得到过季羡林、周一良、饶宗颐、吴其昱、蔡鸿生、王尧、池田温、陈国灿、朱雷、陈高华、姜伯勤、周伟洲、叶奕良、V. H. Mair、徐文堪、余太山、林悟殊、N. Sims-Williams、P. Zieme、森安孝夫、高田时雄、武内绍人、吉田丰、荒川正晴、张庆捷、郑阿财、王邦维、吴玉贵、王小甫、葛承雍、段晴、齐东方、罗丰等先生的鼓励和帮助,在此深致谢意。

我要感谢"三联·哈佛燕京学术丛书"编委会和三联书店,同意把拙著列入该丛书出版。感谢责任编辑孙晓林女士,她为本书的出版付出许多辛劳。还应当感谢朱玉麒、陈怀宇、王静三位在把论文编成书稿时提供的帮助。

本书系教育部跨世纪人才项目"汉唐中西交通史料新编并研究"的研究成果,这项研究也是教育部人文社科重点基地北京大学中国古代史研究中心"古代中外关系:新史料的调查、整理与研究"项目成果之一。

（2001年11月16日完稿。本书2001年12月由北京生活·读书·新知三联书店出版。）

《敦煌学新论》后记

在编好《鸣沙集》以后，我就想把主要的精力用于中西文化交流史的研究，但2000年6月22日，是敦煌藏经洞发现一百周年的纪念日，在此前后，有关敦煌的专刊、会议、座谈很多，作为多年来在敦煌学领域耕耘的笔者，理所当然地要为敦煌学的百年纪念做出新的贡献。所以，我调整了研究计划，把一个阶段的研究方向转到敦煌学史的范围，写出了若干相关的文字。这些文字构成了本书的主体内容，即第二组文章，本书题为"敦煌学新论"，也是由于这个缘故。

其实，我原本想把自己在《归义军史研究》《海外敦煌吐鲁番文献知见录》《鸣沙集》之外的小文章，主要是近年来撰写的新书书评和学习敦煌学大家研究成果的一些心得，编成一本小书，名曰"月牙集"，作为《鸣沙集》的补充。后由刘进宝先生建议，我决定把这些小文章收集起来，编成这本《敦煌学新论》，纳入

敦煌学研究丛书
主编 季羡林

敦煌学新论

荣新江 著　　甘肃教育出版社

21世纪的敦煌学将别开洞天，仍能保持青春活力
敦煌学百年——海外汉学的奉献
敦煌文献新材料与新问题
敦煌的发现及其学术意义

荣新江著《敦煌学新论》

"敦煌学研究丛书"。

本书的第一组文章,主要是有关历史方面,其中《再论敦煌藏经洞的宝藏》和《法门寺与敦煌》,实际是《鸣沙集》所收《敦煌藏经洞的性质及其封闭原因》的补充。第三组文章是新书书评,以敦煌研究为主,兼及吐鲁番和新疆其他地区。最后一部分是以不同的文章体裁所写的纪念敦煌学史上的前辈或学习他们著作的体会。

最后,我应当感谢刘进宝先生对我的建议和督促;甘肃教育出版社白玉岱先生精心细致的工作,使我避免了不少错误。王静同学在我最为忙碌的时候,帮我把这些文章整理成书稿;图版的扫描是苏航同学的杰作;朱玉麒、余欣则为本书的校对付出辛劳;铭记于此,以示谢意。

(2002年3月3日完稿。本书2002年9月由甘肃教育出版社出版。)

中国中古史研究 十论

荣新江/著

名家专题精讲

复旦大学 出版社
www.fudanpress.com.cn

荣新江著《中国中古史研究十论》

《中国中古史研究十论》序言

　　承蒙复旦大学出版社陈麦青先生的好意,让我编一本论文集,给复旦的"十论"或"十讲"丛书。我答应下来,但很晚才交出稿子。原因是我每编一本论文集,除非十分必要,一般不想重复收录已出版的专著或论集中已收入的篇章。这样一来,我很难像前面已刊的诸位名家那样,把所论的题目,集中在一个方面。因为我平日治学,颇为庞杂,涉及中外关系史、西域史、隋唐史、敦煌学等方面。于是转念一想,不妨把自己这些年来有关这几方面的文字,各选一二,汇集成书。结果一看,所得篇章主要是关于这几个方面研究史的述评和展望,这些文章有长有短,长的数万言,短的二三千字;而且有的重在"论",有的重在"讲",不过总是有一些议论之处。这些文章的主体内容涉及我所主要从事的中古史研究领域,也有的上溯两汉,下迄民国,但也都是从中古史研究为出发点的,因此姑名曰"中国中古史研究十论"。

本书收录的文章按照内容分成中外关系史、西域史、隋唐史、敦煌学四组（目录以空行区别之），这里简要介绍一下写作的一些背景和目的，以帮助读者理解这些文章的内容。

1. 中外关系史

我现在主要研究的对象是中外关系史，这个领域虽然是近年来才重点去做，但我对中外关系史的兴趣确实很早就有。记得上大学后写的第一篇习作就是印度天文星占对唐朝的影响问题。我现在的主要研究时段是汉代到五代宋初，其实主要是魏晋南北朝和隋唐一段，尤以唐代为主。从内容上来讲，我选择伊朗民族和文化进入中国后的情形作为主要考察对象，特别是在中古中国社会上异常活跃的粟特人，有许多问题值得仔细分析。这方面我已经出版了《中古中国与外来文明》（三联书店2001年版），有关粟特的专题研究论集也正在准备当中。

在收入本书的三篇文章中，《20世纪的唐代中西关系史研究》一文，主要是想清理以唐朝为主的中西关系史的学术史，虽然因为要符合收载该文的《20世纪唐研究》一书的体例，用了不少文字全面介绍研究史，但在叙述中还是有轻有重，并对这方面的研究做了展望。其实，中外关系史研究限于交流的障碍，有不少争论的问题应当做出严肃的学术史回顾，此即第二篇《海路还是陆路——佛教传入汉代中国的途径和流行区域研究述评》一文的意图,它是对在这样一个重要问题上的一些论述的批评,希望把这项研究导入正轨。而作为本书首篇的文章《汉唐中西关系史——对新旧史料的一个概观》,则主要是根据新史料对汉唐中西关系史研究的一个展望,也是我自己对这个领域中的某些问题所做的研究趋向性的思考。

2. 西域史

我对西域史的研究过去比较集中在于阗史上,虽然也曾利用吐鲁番出土文书讨论过西域史上的若干问题,但这方面的研究尚未展开。《西域史研究的回顾与展望》一文,是应《历史研究》之约,给20世纪西域史研究做的全面回顾,内容包括从先秦到明清。但是,严格来说此文应当叫做"中国的西域史研究的回顾与展望",因为有很多更为重要的外国学者的研究成果并不在这个回顾当中。从中国学术的立脚点出发所做的展望,文字虽短,可能更有意义。

西域史研究近年来在中国有衰微的迹象,从我本人来讲,希望在《于阗史丛考》(与张广达先生合著,上海书店1993年版)之后,继续唐代西域史的探讨。

3. 隋唐史

因为自己的兴趣多年来为敦煌学、西域史、中外关系史所吸引,所以对于隋唐史的研究是很有限的。但是,自1995年以来,我一直尽心尽力地主编大型学术专刊《唐研究》,迄今已出版十卷。通过这个刊物,我觉得对于唐代历史、文学、宗教、考古等许多方面的研究都有所推动。我自己对于《唐研究》学术使命和学术成绩的说明,就是收入本书的《〈唐研究〉的编辑方针及其旨趣》和《〈唐研究〉十周年纪念专号献词》两篇文章,其中后者也有我对《唐研究》的一些展望。

至于我本人的隋唐史研究,主要希望从两个方面进行。一是隋唐长安社会、文化史的研究,这个方面我所主持的长安读书班已经进行了多年,但我除了《关于隋唐长安研究的几点思考》外,只写过几篇小文章,我对长安社会变迁和物质与精神文化的解说还没有真正动笔。另一个关心的方面是唐代宗教史。本书收入的《唐代宗教信仰与社会:新问题与新探索》一文,是我主编的《唐代宗教信仰与社会》(上海辞书出版社2003年版)一书的前言,有些就事论事,但其中也有我对这个问题的一些思考。

4. 敦煌学

迄今为止,我在敦煌学的汪洋大海里浸泡的时间最长,对于敦煌文献、敦煌历史、敦煌写本学、敦煌艺术、敦煌学史、敦煌探险史等等都有浓厚的兴趣,并发表过多少不等的论著。我目前对于敦煌学的关心,一是敦煌学的发展,表现在《敦煌学:21世纪还是"学术新潮流"吗?》和《敦煌文献:新材料与新问题》两文中,它们都是在世纪之交时写的展望敦煌学未来发展趋势的文字。二是敦煌学的学术史,这方面已经发表过若干文章,而收入本书的《中国敦煌学研究与国际视野》,是我对贯串整个敦煌研究的核心问题的论述。三是学术性书评,写严肃的书评是我治学的一个努力方向,所以我一直坚持写书评,特别是我现在不太专门做敦煌的研究,但对敦煌学各个方面的研究进展仍然非常关心,所以就用写书评的方式来表达自己的一些看法,尤其是从方法和学术史上提出一些建议。我已经出版的《鸣沙集——敦煌学学术史与方法论的探讨》(新文丰出版公司1999年版)、《敦煌学新论》(甘肃教育出版社2002年版),都收录了我历年所写的敦煌学书评。本书收入的四篇书评,是这两年所写的,比较偏重在探险史和敦煌文献辨伪问题上。

最后,感谢我的研究生王媛媛、朱立峰、李丹婕三位同学帮我整理文稿,校对文字。感谢复旦大学出版社陈麦青、宋文涛两位先生为拙稿付出的辛勤劳动。

(2005年6月23日完稿。本书2005年11月由复旦大学出版社出版。)

西域歷史語言研究叢書

中國人民大學國學院西域歷史語言研究所主辦

主編　沈衛榮

于闐史叢考

（增訂本）

張廣達　榮新江　著

中國人民大學出版社

张广达、荣新江著《于阗史丛考》（增订本）

《于阗史丛考》增订本序

这是张广达师和我合著的《于阗史丛考》的增订新版。张师建议我全权处理。谨撰小序，略做交待。

于阗史的研究，是属于中亚史（西域史）研究的一个方面，既专门，又精深，相与对话者，多为欧美、日本名校的行家。他们有着优越的研究环境和充足的经费支持，数十年如一日地工作，成绩斐然。与他们相比，中国学者在艰苦的条件下努力追赶因政治运动而丧失的学术水准，可是往往在即将有收成的时候，却又会受到干扰。

1980年以来，张师和我一起合写了十篇有关于阗史的文章，其中两篇译成法文发表，受到国际同行的关注。张师去国后，孤寂中的我觉得这项于阗史的合作研究恐怕无法继续下去。承蒙在上海书店出版社工作的师弟杨继东的帮助，把这十篇文章辑在一起，出版了《于阗史丛考》一书。就我而言，这是我第一本真正意义上的纯学术著作,在此对继东兄的高情厚谊,表示衷心的感谢。香港中文大学的硕学大师饶宗颐教授特撰宏文,置于卷首,以为序言。没想到这样专门的论文集,受到了一些专家从不同角度给予的肯定。先后撰写书评的,有博学的中亚史家徐文堪先生、梅维恒(Victor H. Mair)教授,有敦煌学家戴仁(J.-P. Drège)教授,有于阗史专家殷晴先生等。他们的赞奖,对于当时的我,可以说是铭感五内。

20世纪90年代苏联解体,俄藏敦煌、和田文书陆续显露真容。而我又有机会游学欧美,得以和张师继续研讨于阗文书年代问题,陆续写成三篇文章发表。但见面的时间毕竟很短,文章大多是在通信中商讨而成。由于那时通讯不便,有一篇文章竟然两人都写成初稿寄给对方,好在观点一致,只是浪费不少时间。这次的增订本,主要就是收入1997年以后发表的三篇文章,同时也把原来的文章做了一些文字校正,因为这些文章都是和相关学者讨论问题的,所以内容上没有任何改动。

1999-2003年,东瀛友生广中智之跟从我做于阗佛教方面的博士论文。这些年来,他一直在我们原本所编于阗研究论著目录基础上,大力补充。我也把近年来的积累加上,合编成新版《于阗研究论著目录》,附载书中。这个目录与其说是于阗研究论著目录,不如说是为于阗研究而准备的目录,相信对于今后的于阗乃至相关领域的研究会有裨益。饶公大文,因已收入多部文集,限于篇幅,这次只好割爱。

感谢沈卫荣、孟宪实两位先生把这本专著列入《西域历史语言研究丛书》,也感谢中国人民大学出版社常伯工先生为本书编辑所做的工作。

校读二十多年前的稿子,仿佛和张师在交谈,至感亲切。而掩卷回思,又不免孤独。

二十年前为研究于阗而专程拜访过的 Harold W. Bailey 爵士、Ronald E. Emmerick 教授、James Hamilton 教授先后作古,让人悲伤。今年五月在 Bailey 故居,向 P. Oktor Skjærvø 教授介绍和田新出文书和壁画,却又燃起我于阗研究的激情。

"山川虽异所,草木尚同春。"(无名氏《于阗采花》)和田,是吸引我步入学术殿堂的美丽地方。1992年以后,我没有再访和田,生怕改变自己对她的印象。和田,在我心中是个迷人的家园,她仍然深深地吸引着我。

(2007年7月10日完稿。本书2008年9月由中国人民大学出版社出版。)

隋唐長安：性別、記憶及其他

榮新江 著

三聯人文書系

荣新江著《隋唐长安：性别、记忆及其他》（繁体字本）

《隋唐长安：性别、记忆及其他》小序

在北大读研究生的时候，我的专业是隋唐史，但是我那时的兴趣在隋唐的西北史地，更确切地讲，集中于西域的于阗国史和敦煌晚唐五代宋初的归义军政权。毕业后的一段时间里，也主要是做敦煌文书的研究，因此对于隋唐史的一些核心问题没有太多的时间投入。记得田余庆先生多次告诫我，一只脚要踏出去，另一只脚要站在中原，他的意思是不要忽略了中国史的基本问题。

在各种各样的唐朝历史的舞台中，西北固然重要，但与于阗、敦煌相比，都城长安无疑是演出唐朝历史故事的最大舞台。所以，我选定长安作为自己研究隋唐史基本问题的出发点，因为长安是我们隋唐史研究者在各个方面都可以用来探讨的场域。1995年，我提交给在武汉大学召开的唐史学术研讨会的论文是《敦煌文化与长安文化》，但并没有写成正式的文章。

荣新江 著

隋唐长安:性别、记忆及其他

陈平原 主编

书系

复旦大学 出版社

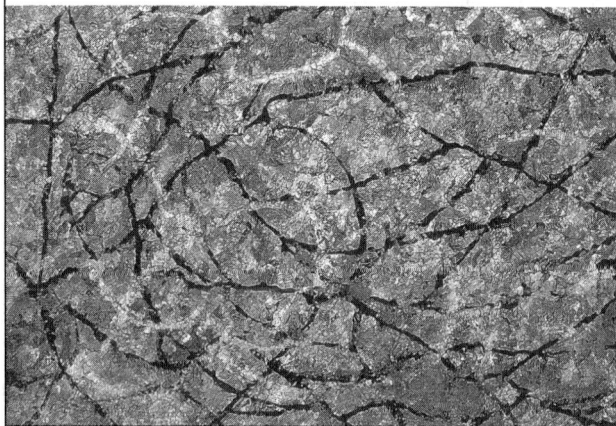

荣新江著《隋唐长安：性别、记忆及其他》（简体字本）

一方面,我虽然想"告别"敦煌学,但敦煌研究毕竟是我用功较多的领域,我与敦煌学界的联系也最为密切,一些学术会议要参加,一些纪念论文要撰稿,所以无法"脱身";另一方面,我从敦煌吐鲁番资料出发,更多地转向汉唐时期中外关系史的研究,从1992年发表《古代塔里木盆地周边的粟特移民》开始,我的一个研究重点是中古时期来华的粟特人。好像冥冥中有神在安排,1999年我发表《北朝隋唐粟特人之迁徙及其聚落》的同时,太原发现了虞弘墓,转年西安发现安伽墓,随后史君、康业墓一个接一个地出现,我也随着一股"粟特热",写了一系列的有关入华粟特人的活动及相关文献、图像研究的文章。

记得1998年王静来跟我读隋唐史专业的硕士生,我当时就说我们一起研究长安吧。可是,王静从硕士到博士,2004年7月毕业时,她已经在长安研究的领域有了一些贡献,而我却没有真正投入到长安的研究中来。还好,我在北大历史系主持的"两京新记读书班"(后来也叫"隋唐长安读书班")由于许多博士、硕士生和年轻教师的参与,断断续续地坚持下来,而且部分成果发表在2003年底出版的《唐研究》第9卷"长安:社会生活空间与制度运作舞台"研究专辑上。我在这个专辑的前面,写了《关于隋唐长安研究的几点思考》,阐发了我对隋唐长安研究的一些想法,特别强调了四个方面的研究有待推进:一、打破从北到南的长安文献记载体系,注意地理、人文的空间联系;二、从政治人物的住宅和宫室的变迁,重新审视政治史和政治制度史;三、走向社会史,对于长安进行不同社区的区分并分析研究;四、找回《两京新记》的故事,追索唐朝长安居民的宗教、信仰以及神灵世界。也就是说,要用新的视角,来审视长安,推动"长安学"的研究;以长安为平台,来讨论隋唐史的各个方面,走出隋唐史研究的新路。长安,是个巨大的舞台,可以从许多方面加以讨论,可以从多种角度加以观察,可以利用多种史学方法来加以分析,可以撰写不同类型的史学著作。

在这样的问题意识指导下,我陆续写出《女扮男装——唐代前期妇女的性别意识》、《何家村窖藏与唐长安的物质文化》、《〈清明上河图〉为何千汉一胡》、《从王宅到寺观:唐代长安公共空间的扩大与社会变迁》等论文,希望从性别、物质文化、历史记忆、社会变迁等研究视角,来描写唐朝长安乃至整个唐朝的某些历史画面。这项研究断断续续地进行着,文章也往往是为了应某个学术研讨会而写成,所以没有什么系统,但在我的研究理路中,这些是我对多年来阅读长安史料的一点体会,也是我对"长安学"的些许贡献。当陈平原先生建议我给《三联人文书系》写本十万字的小书时,我就想到了这些陆续发表的、在我长长的已刊论著目录中非常不起眼的"长安学"论文来,把他们集合起来,便于向隋唐史、"长安学"的学者请教,更重要的是可以提醒和鞭策自己:现在,自己已经在为"长安学"大厦的建造垒上了一块砖,作为一个起点的标志,应当在这一领域继续添砖加瓦。

最后,我要感谢提供照片的单位和私人;感谢帮我整理稿件的李芳瑶同学;也感谢香港三联书店总编辑陈翠玲女士接纳这本小书,应她的要求,写几句关于选文的闲话,以便读者理解这些文章撰写的缘由,是为序。

简体字本题记

本书出版不到一年,欣闻复旦大学出版社打算出版简体字本。因为对于大陆的学者特别是学生来说,港版还是比较贵的,而且在内地买不到。书中的《何家村窖藏与唐长安的物质文化》和《从王宅到寺观:唐代长安公共空间的扩大与社会变迁》,也没有在大陆发表过,所以我听说了出版简体字本的消息,着实地感到高兴。而且听说复旦出版社要把香港三联的黑白图版变成彩色图版,更让我为他们的热情和用心由衷地表示敬意和感念。

本书的文字没有变动,仅对港版的个别错字做了订正。

最后感谢复旦大学出版社的责任编辑张旭辉先

生,他在很短的时间里完成了繁重的改版和校对工作。

（2009年2月12日完稿于香江。本书繁体字本列入"三联人文书系",2009年9月由香港三联书店出版;简体字本,2010年9月由复旦大学出版社出版。）

《辨伪与存真——敦煌学论集》序

　　《鸣沙集》是我在台湾出版的一部敦煌学的论文集,主要内容以探讨敦煌学的学术史和方法论为主,涉及到敦煌藏经洞的封闭原因、敦煌写本的真伪辨别、藏经洞中混入的黑城文献,以及相关的唐五代敦煌寺院的藏书状况与藏书制度、唐五代敦煌禅宗典籍的抄写与流行情况等等。当时我关心的焦点是藏经洞封存的文献和绘画品的性质,为此也花了不少力气来分辨出原本不是属于藏经洞的文献及其来历。

　　这本文集中有关敦煌学方面的文章,我个人对《敦煌藏经洞的性质及其封闭原因》、《所谓李氏旧藏敦煌景教文献二种辨伪》、《李盛铎藏敦煌写卷的真与伪》、《俄藏〈景德传灯录〉非敦煌写本辨》等几篇文章比较满意,其中前三篇译成英文发表,后一篇也有日文翻译,在海外稍有影响。但是由于一些文章不是发表在常见的刊物上,又收入台湾出版的论集,不

荣新江 著

辨伪与存真
敦煌学论集

Essays on Dunhuang Studies
Rong Xinjiang

荣新江著《辨伪与存真——敦煌学论集》

容易查阅,故反响有限。学术贵在切磋,《鸣沙集》中的一些论文和书评颇带一些学术批评,当然也希望听到善意的回馈,只要是纯学术的讨论,自当推进学术的进步。抱着这样的想法,我一直有意出版《鸣沙集》的大陆简体字版。这一想法得到上海古籍出版社府宪展先生的认同,他鼓励我尽快整理再版。

如果只是简单地繁简转换而变成一本论集,又有些不甘心,所以府先生的好意,一直没有领受。今年暑假,稍得闲暇,于是整理近十年来没有收入《鸣沙集》和《敦煌学新论》的相关文字,发现后来所撰有关敦煌学的论文,仍然主要是围绕着藏经洞宝藏、写本辨伪、禅宗文献的追踪、黑城文书的剔除等内容,加上有关王国维、狩野直喜、向达、常书鸿等人的敦煌学史论述,可增补者逾十万言。此外,近十多年来海内外敦煌藏卷纷纷公布,昔日笔者费尽艰辛而挖掘到的珍宝,今日已成学者治学之公器,正可以借董理旧文之机,增补若干图版。旧文新篇汇集在一起,约有三十余万字,辅之个别精选的图版,不敢说旧貌变新颜,多少算是有一些新贡献吧。

因为旧著所探讨的材料多出土于鸣沙山下的莫高窟藏经洞,所以题作"鸣沙集"。此名虽然听起来响亮,但若读者不明了其中内涵,或有可能以为是古人别集。故听从友人建议,此次增订再版,更名为"辨伪与存真——敦煌学论集",因为本书的主要一组论文是有关敦煌文书的真伪辨别，所以突出这一点；而书中其他论文和书评，也都在敦煌学的范围，故以"敦煌学论集"为副题，希望以此为敦煌学的广袤大厦添砖加瓦，也希望得到方家的批评指正。

（2009年7月9日完稿于北大朗润园。本书2010年3月由上海古籍出版社出版。）

《学术训练与学术规范——中国古代史研究入门》前言

　　本书是我在北京大学历史系给中国古代史专业的研究生开设的"学术规范与论文写作"课程的讲义。这门课最早源于我与自己研究生的"周末杂谈",就是每个周末给我的隋唐史专业和中外关系史专业的研究生闲谈一个题目,大体上都是些如何自我训练和如何遵守学术规范方面的问题。后来成为历史系的一门课,也有不少外校和其他专业的学生来听。由于我所带的研究生主要是从事隋唐史、中外关系史和敦煌吐鲁番文书研究的,所以这本讲义中所举的例证更多的是这几方面的,包括我本人和我自己的学生的事例,这一点请读者见谅,并举一反三。

　　讲这样一门课的目的,是因为自己觉得,当一位大学本科生进入到研究生学习阶段以后,一方面要继续积累专业方面的知识,另一方面就要开始进行专业

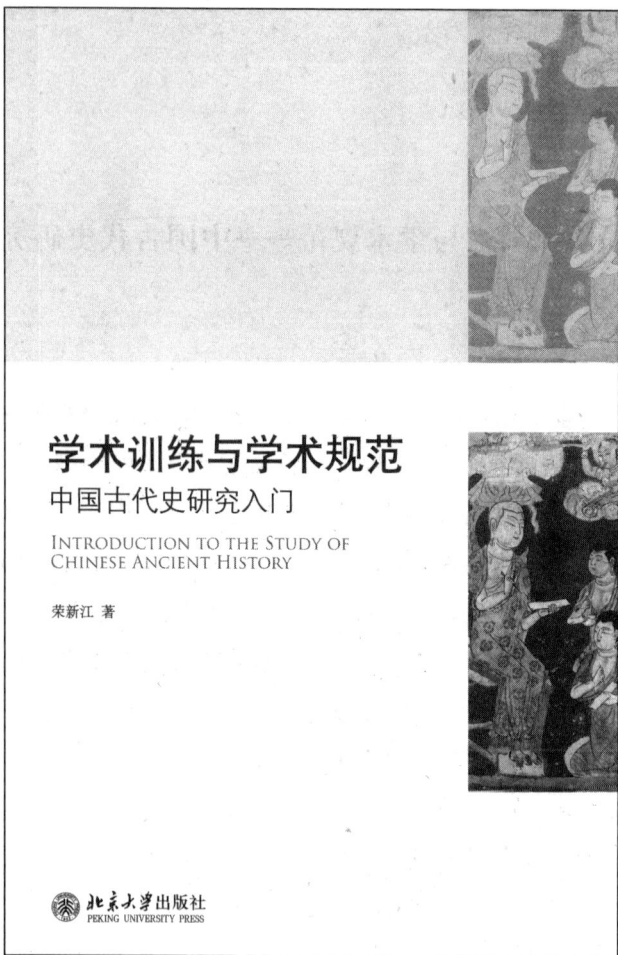

学术训练与学术规范

中国古代史研究入门

INTRODUCTION TO THE STUDY OF
CHINESE ANCIENT HISTORY

荣新江 著

北京大学出版社
PEKING UNIVERSITY PRESS

荣新江著《学术训练与学术规范——中国古代史研究入门》

的学术训练,为撰写学术论文做准备。

所谓专业的学术训练包括许多方面,对于中国古代史专业的研究生来说,首先要掌握有关研究课题的各种史料,包括传世的史料,也包括出土的文献如简牍、文书、石刻等材料,除了文字材料外,还有考古所得的文物材料和各种图像资料,要尽可能地竭泽而渔,没有遗漏。其次,要遵守学术规范,对于前人的研究成果,不论发表的是论文还是专著,也不论是发表在国内还是国外,都要检索到并充分利用。在这样严格训练的基础上,才谈得上写学术论文、札记、书评。文章的写作除了要遵守学术道德规范,也要遵守技术规范,标点符号都要准确到位,注释体例得当,参考文献便于查找,外语专名翻译准确。

最近一些年来,遵守学术规范的声音此起彼伏,大多数被媒体爆料的事件,都让一些大学的主政者十分难堪。北大校方也不断颁发要求教师、研究生、本科生遵守学术规范的各种手册。确实,在中文的学术语境下,要建立严格的学术规范,不是一件容易的事情。现代学术是现代科学主义的产物,它发展出的规范都带有西方文化的特点,中国是在近代西方科学传入以后,才慢慢接受比如标点符号、引文注释等学术写作规范的。但中国长期以来没有自己的"芝加哥手册",没有一个统一的、大家多年以来遵守的规定,所以要建立起统一的规范,还有很长的路要走。因此,我在课上强调的是,我们要有自己的"芝加哥手册",即在没有统一的规范之前,要从我做起,大家共同努力。

要建立学术规范,首先是要遵守学术道德,不能漠视前人研究成果的存在,为此,要尽可能地把自己的论文一步到位地做好,争取时间,早日发表。不能一稿两投,或一稿多投,只有译成外文是可以允许的。从自己做起,就是要能够"自律",切不可抄袭,也要注意可能发生的无意抄袭,所以要谨慎使用电脑的"Copy"功能,所有拷贝的材料要随手注明出处。要预防变相抄袭,除非是教材之类,引用其他人的观点一般都要注明出处。

论文的写作一定要遵守技术规范,除了不是自己的观点和材料都要出注这样显而易见的道理外,通过其他方式,如通信、Email、网聊、电话、谈话所获得的观点和材料,也要出注。大到篇章结构、章节目次,小到标点符号、字体字号,都要从一开始就养成良好的习惯,比如引用论文和著作,要注到页码,从收集资料的时候就做到这一步,以后就会一劳永逸,节省掉此后处理文章校样等问题的时间。

年轻的学子应当学习写书评,通过纯学术的批评,矫正学术失范,使学术正常发展。也要正确面对别人对自己的批评,在纯学术的范围里对待学术批评。当下媒体非常关心学术界的失范与惩罚,也有人专门做学术批评和打假的工作。其实抄袭的主要责任是作者个人,不是学校;学校和导师也不是没有责任,但被告人是作者,不是学校。这类学术失范问题应当交给学术界自己解决,由相关学术部门的专业委员会来裁决,最好不必见诸媒体,超出学术的界限。

我希望通过这本教材,给予新入道的年轻学子如何训练自己提供一些入门的途径,也阐明学界已经约定俗成的一些必须遵守的规则,让他们从研究和写作的开始阶段,就能够养成好的习惯。

我想强调的是:学术是一种崇高的境界,学者必须洁身自好,自省自律。学术贵在创新:就是你有了新材料、新方法、新问题(陈寅恪语意),才能写论文;而写出的论文一定要遵守学术规范,这样的文章才具有学术价值和流传价值,也才能真正体现一个学者对学术的贡献。为此,我愿意和年轻的学子一起努力。

(2011年3月完稿。本书2011年4月由北京大学出版社出版。)

《学术训练与学术规范——中国古代史研究入门》后记

这本讲义的写作延续了好多年,不知道有多少年轻教师和研究生提供过材料,给予过建议。本来也没有打算出版,到了2007年这门课程作为"北京大学研究生课程建设项目"立项资助以后,在研究生院的督导和鼓励下,被列入北大出版社的出版计划。我首先感谢北大历史系负责教学的副系主任刘浦江教授对本课程的关心以及研究生院贾爱英、郭蕾老师的督促和鼓励,最终才使我完成这本教材的写作。

在这门课程立项后,我在选课的研究生中成立了一个"学术规范小组",他(她)们在我的讲稿基础上,分门别类地补充了许多材料,所以我在此要感谢陈昊、凌文超、林晓洁、李芳瑶、林珊、李娜颖、聂文华、王楠、王璞、喻珊。像第三讲《简牍帛书的检索》就是在凌文超同学提供的底本基础上写成的。2008年上半年那个学期,我们小组成员经常聚在一起,讨论讲义中的问题,他(她)们给了我很多很好的建议。

讲义最终的写定是2009年末到2010年春在日本关西大学做访问研究期间,利用那里安静的环境,一气呵成。写成以后,按照往常的习惯,把相关章节寄给一些年轻朋友来审订,在此要感谢朱玉麒、刘屹、沈睿文、王静各位的细心补正。

随后在2010年上半年的讲课过程中,一些听课的同学非常仔细地阅读了我印发的讲义,提出了大大小小的订正,让我对他(她)们感激无比,这些人有的是我熟悉的,有的在近百人的教室中我根本分辨不出来,我想通过这个名单来表达感谢之情:罗帅、李霖、孙闻博、陈博翼、陈志远、赵大莹、朱丽双。最后,还要感谢帮我校对的徐畅、郑燕燕、罗帅、田卫卫、郭桂坤、李丹捷、陈甜及责任编辑田炜女士。

我每年都要上这门课,虽然听课的人很多,要看的作业也很多,但我从这门课里充分体会到了教学相长的乐趣。我听到过同学们对这门课的褒奖之词,也从他们补充的材料中得到很多知识。现在回望这些年的教学,为自己对研究生的培养尽了绵薄之力而感到满足。

(2011年3月完稿。本书2011年4月由北京大学出版社出版。)

于阗与敦煌

敦煌讲座书系

荣新江 朱丽双 著

国家出版基金项目
"十二五"国家重点图书出版规划项目

读者出版传媒股份有限公司
甘肃教育出版社

荣新江、朱丽双著《于阗与敦煌》

《于阗与敦煌》前言

　　本书集中探讨公元10世纪前后于阗及其与敦煌关系的历史。之所以只就10世纪这个时段来研究,完全是因为材料的限制。

　　古代的于阗王国,不同时期的范围有所不同,最盛时大概相当于今天新疆和田地区的范围。于阗是位于塔克拉玛干大沙漠西南边缘地带的绿洲王国,自身没有什么史书记载流传下来,于阗史的建构,过去主要依靠其周边汉、藏、波斯、阿拉伯文献的记载,19世纪末、20世纪初以来,和田当地出土了大量古代于阗语、汉语、藏语佛典和文书,还有梵文佛典,以及钱币、壁画、雕像和各种质地的器物。这些文献和文物资料大大丰富了于阗史的内容,特别是从公元1世纪到公元9世纪于阗佛教王国时代。

　　然而,这些周边记录和出土文献各有偏颇,传世的汉文文献主要是于阗王国与中原王朝政治关系的记载,或者是一些佛经翻译的序跋,以及僧侣走访于阗胜迹的记录;藏文大藏经中保存的于阗资料主要是一些带有很多传说色彩的佛教史,特别是授记(预言)类的佛教典籍;出土文献主要是各种语言的佛典和于阗文、汉文、藏文官私文书,它们基本上都是公元9世纪中叶以前的,主要是唐朝和吐蕃统治时期的产物,于阗语佛典和个别木函文书可能时间略早一些。这些资料中不能说没有关于敦煌的记载,但主要是于阗当地的记录,是研究西域史、中原王朝与西域关系史的材料,而不能构成单独研究于阗与敦煌关系史的内容。

非常幸运的是,在上述资料非常缺乏的9世纪中叶以后到11世纪初于阗佛教王国灭于信奉伊斯兰教的黑韩王朝之间的时段,正好是敦煌文书记录最为丰富的时期,敦煌不仅保存了一大批各种内函的于阗人自身书写的于阗语文献,而且在汉文、藏文、回鹘文文献中,也有不少有关10世纪敦煌与于阗关系的记载,这些资料构成了我们今天研究于阗史的一项重要材料来源。

10世纪的敦煌与于阗,不仅有着密切的交往,而且还建立起非常友好的姻亲关系,因此有关两地交往的文书十分丰富,而皇亲国戚、使者、僧侣、商人的往来,也把各种不同类型的书籍和文书带到敦煌,把于阗带来的画样绘制到敦煌的石窟当中,加之于阗人对敦煌石窟的开凿和供养,敦煌石窟和藏经洞保存的于阗资料,可谓琳琅满目,美不胜收。

敦煌的于阗语文书包括佛典、文学作品、地理文书、使者报告、使团账簿等等,由于这是一种死语言,因此还有不少世俗文书解读上有困难,迄今为止还没有完整地翻译出来,特别是伯希和收集品中的材料。因此,敦煌汉文文献中的于阗材料,是我们研究10世纪敦煌与于阗关系史,以及于阗佛教王国灭亡前一百多年间于阗本土历史的主要史料依据。

敦煌保存的有关于阗的材料并不是今天才开始研究的,一百年来,各个专业的学者都有所贡献。早在20世纪初叶敦煌于阗语文献被斯坦因攫取拿到伦敦以后不久,语言学家柯诺夫(Sten Konow)就撰写翻译了几部长篇的佛典,以后又整理过敦煌出土的药方,他还和藏学家托马斯(F. W. Thomas)一起撰写翻译了钢和泰(A.von Staël-Holstein)所获一件包含许多地理、历史、民族信息的于阗语、藏语同卷的文书。贝利(H. W. Bailey)教授几乎穷尽毕生精力,收集整理、转写了所能找到的大量于阗语文献,并做了其中相当一批文书的翻译和考释。德莱斯顿(M. J. Dresden)、恩默瑞克(R. E. Emmerick)、施杰我(P. O. Skjærvø)、熊本裕、马吉(M. Maggi)等对敦煌于阗语文书的考释均有很多贡献。托马斯和恩默瑞克还翻译了有关于阗的敦煌藏文文献,而乌瑞(G. Uray)、武内绍人等,则翻译考释过大部分藏文文书。汉文文献也随着不同类型文书的整理渐次出版,但系统的收集整理开始于上世纪80年代张广达先生和笔者对敦煌与于阗关系的研究。到目前为止,敦煌的汉文文献基本上都已经刊布发表,其中有关于阗的记录现在基本上已经辑录出来。敦煌石窟中有关于阗的瑞像、守护神、供养人像,近年来也有学者做了系统的调查和整理研究。

公元9世纪后半叶到11世纪初的于阗史以及于阗与敦煌关系史的研究,由于资料是陆续发表出来,研究工作也是缓慢地进行。从上世纪80年代初开始,张广达先生和笔者合作研究10世纪于阗王统世系和于阗语文献的年代问题,并且与哈密屯(J. Hamilton)、熊本裕往复论辩,研究课题也渐次展开。我们的研究题目逐渐扩大到敦煌文献所能支持的于阗瑞像、于阗佛寺等方面,但因为那时候敦煌资料还没有全部发表出来,所以无法做系统的关照。而且这项合作研究后来由于天各一方而无法持续下去,先前的研究在1993年汇集成《于阗史丛考》出版。此后合作撰写的三篇文章,仍然是此前课题的延展,这些文章收入2008年出版的增订本《丛考》。

2009年,朱丽双博士进入北大博士后工作站,和我合作进行于阗研究,她的主要工作是重新整理、翻译有关于阗的藏文文献,包括敦煌发现的藏、汉文《于阗阿罗汉授记》《于阗教法史》等。这一工作又燃起笔者对于阗史的兴趣,正好此时《敦煌讲座书系》也在谋划之中,于是我们就报了一个题目,叫"于阗与敦煌",这并不是要把从汉代以来中原王朝与于阗关系史中敦煌与于阗的联系做全面研究,而是就敦煌文献、图像所集中反映的10世纪的情形,做一次比较系统的阐述。因为笔者和张广达先生合作的论文,以及后来独立发表的一些文章,都是专题性的研究,而非系统的论述,其他学者的研究也往往如此,比如我们有很多笔墨讨论于阗王李圣天,但李圣天这个在位长达半个世纪的于阗王的全貌,并没有一篇文章做系统的叙述。因此,我们希望利用这本小书,来系统阐述这一时段的于阗历史,包括于阗与敦煌之间的交往史,这也是当时于阗史或敦煌史的重要内容。在我们撰写书稿的过程中,仍然不时感到许多问题从来没有人考察过,有些有争议的问题也有很长时间没有人利用新的资料加以回应,所以有些本来是希望做系统阐述的问题,又不得不变成论文的形式。于是今天形成的书稿,仍然是论、述兼有,但总体上来说,是把10世纪于阗史做了一次系统、全面的梳理,这一方面可以给希望了解这段历史的读者一个较为全面的轮廓,另一方面也是为今后的深入研究奠定一个基础。这就是本书的缘起和目的。

感谢敦煌研究院、英国图书馆、法国国立图书馆等单位允许发表他们的图片,感谢薛英昭总编和责任编辑段山英所付出的劳动,感谢包晓悦同学帮忙整理图片。

我们深信,书中一定还有很多不足之处,期盼读者不吝赐正。

（2013 年 12 月 3 日完稿。本书与朱丽双合著,2013 年 12 月由甘肃教育出版社出版。）

《中古中国与粟特文明》序

　　本书是笔者2001年出版的《中古中国与外来文明》的续篇，因为主要篇幅是关于粟特人、特别是对入华粟特人及其带来的外来文化的探讨，所以题曰"中古中国与粟特文明"。

　　记得上世纪80年代中期，业师张广达先生耳提面命，让我注意粟特文古信札，由此我开始关注粟特商人的东渐问题。以后在研究中古时期西北民族的迁徙问题时，也收集了入华粟特人的材料。1992年在乌鲁木齐召开的"西域考察与研究"学术研讨会上，我提交了《古代塔里木盆地周边的粟特移民》，受到与会者的鼓励。后来又把中原的材料整理出来，写成长文《北朝隋唐粟特人之迁徙及其聚落》，1999年在北京大学的《国学研究》第6卷上发表。非常巧合的是，就在同一年，山西太原发现了和粟特人关系密切的虞弘墓。翌年，又在陕西西安发现了粟特首领同州萨保安

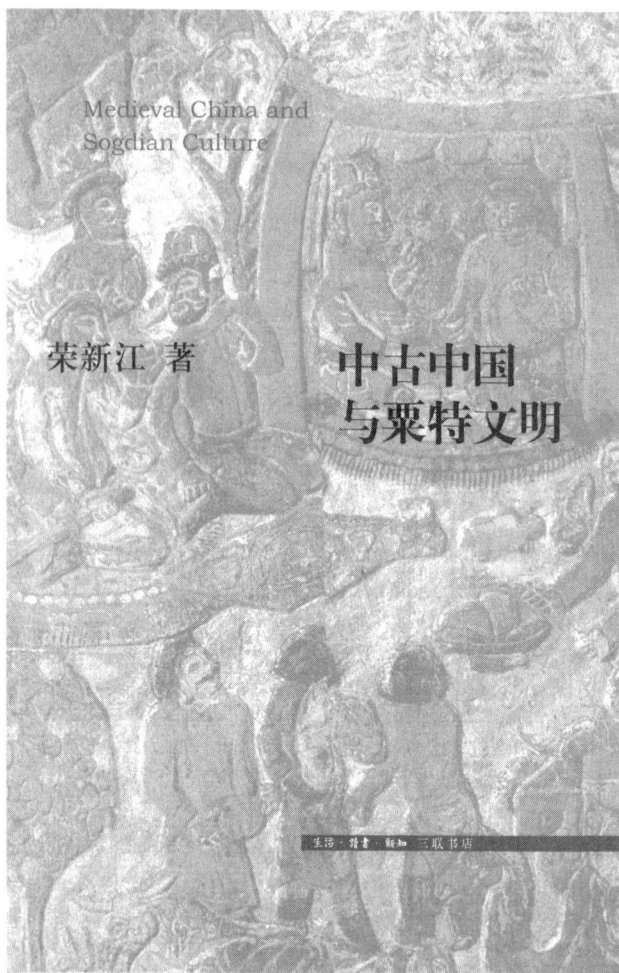

Medieval China and
Sogdian Culture

荣新江 著

中古中国
与粟特文明

生活·读书·新知 三联书店

荣新江著《中古中国与粟特文明》

伽墓;接着,2003年同一地点发现另一粟特首领凉州萨保史君墓。加上通过这些科学考古发掘的资料所判断出来的其他一些粟特系统的石棺床或围屏石榻等实物资料,以及各地不断出土、发表的入华粟特人的墓志碑刻,一时间粟特资料铺天盖地而来。这对于我们这些长年关注入华粟特史事的人来说,真的是个机遇。所以,虽然在2001年我已经在《中古中国与外来文明》一书中收录了此前发表的有关粟特的文章,新的发现大力推动了我在一段时间里集中做了不少粟特方面的研究,也写出有关粟特迁徙及聚落、粟特首领萨保及其墓葬的图像所反映的问题等一系列的文章。2005年以后,虽然主要精力被新获吐鲁番文书、于阗文书、两京墓志等整理研究工作所占据,但仍然抱着对粟特研究的热情,不时有所撰述。今年三联书店拟再版拙著《中古中国与外来文明》,原本想把近年来有关"胡人迁徙与聚落"的一些文章增补进去,辑到一起,增补者竟然有十多万字,于是决定把已刊有关"粟特人的迁徙与聚落"、"粟特商队与祆祠"、"入华粟特人的多元文化"几方面的论文全部集中起来,汇成目前这样一部论文集,借此与同行学者相互切磋,并希望更多的读者给予批评指正。

"中古中国与外来文明"是个任重道远的课题,一本新书的出版,代表着重新开始了一个新的研究起点,我也希望以这本粟特研究专集的出版为契机,对这个课题有更多的思考、更多的研究。

最后，感谢三联书店以新的面貌把拙著呈现在读者眼前。感谢孙晓林女史退而不休，继续责编拙著，多所是正。

（2014年1月25日完稿。本书2014年8月由北京生活·读书·新知三联书店出版。）

《中古中国与外来文明》再版后记

拙著《中古中国与外来文明》经过丛书学术委员会的评审后,列入"三联·哈佛燕京学术丛书",2001年12月由北京三联书店出版。这本书是我对中外关系史研究的第一本专著,选用"中古中国与外来文明"这样一个大题目,也是希望自己在这一领域继续探索。

这部书出版后,国内外都有一些书评发表,李鸿宾书评载《中国边疆史地研究》2002年第4期;陈明书评载《西域研究》2002年第2期;葛承雍书评载《中国学术》2002年第3辑;许全胜书评载《唐研究》第8卷(2002年);王素书评载《故宫博物院院刊》2003年第1期;韩森(V. Hansen)书评载《通报》(T'oung Pao)LXXXIX/1-3（2003）；Tim H.Barrett书评载《伦敦大学亚非学院院刊》(Bulletin ofthe School of Oriental and African Studies）66.1

中古中国与外来文明

修订版

Medieval China and Foreign Civilizations

Revised Edition

荣新江 著

三联·哈佛燕京学术丛书

SDX & HARVARD-YENCHING
ACADEMIC LIBRARY

SDX
&
H-Y

生活·读书·新知 三联书店

荣新江著《中古中国与外来文明》（修订版）

（2003）；高田时雄书评载《东洋史研究》第63卷第1号（2004年），汉译本载《敦煌吐鲁番研究》第10卷（2007年）。这些书评有表扬和鼓励，也有商榷和批评，其中许全胜先生的批评指出一些疏漏，他曾出示于我，后来发表在我主编的《唐研究》上。在本书修订再版之际，我借此机会感谢这些书评的作者。

作为"三联·哈佛燕京学术丛书"二十年纪念意义的再版，这次重刊，除个别错字外，文字、内容基本不动。对于一些书评指出的错误，择善略作改订，但涉及观点的地方，则原样不动，以保存原著学术史的意义。其中《安禄山的种族与宗教信仰》一文后来曾增补重写，并收入近刊拙著《中古中国与粟特文明》，因此这里就不再重录了。

本书出版一年后，据责任编辑孙晓林女史说，库房里已经存书不多了，当然书店里还有。大概那几年正赶上粟特研究热，而本书的许多篇章都和粟特人有关。好在国内网络发达，盗版复制的电子本随便可以下载，可以满足读者的需求。而希望保存纸本的读者，则要花几百元去网上淘宝。最近几年想要淘到一册，也是非常不易了。感谢三联书店在纪念"三联·哈佛燕京学术丛书"出版二十年之际再版拙著，使得本书得以重新面世。

最后，我要感谢李丹婕同学，在我最为忙碌的时候，帮我校读一过并整理索引。

（2014年9月6日完稿于京都。本书2014年10月由北京生活·读书·新知三联书店出版。）

《归义军史研究》再版后记

　　大约从上个世纪的80年代初到90年代初,我一边与业师张广达先生合作研究于阗历史,一边独自考察晚唐五代宋初的归义军史,因为归义军史的澄清也有助于构建于阗史的许多方面。由于归义军的材料非常丰富,所以归义军的研究慢慢地成为主要的方面了,这当然还有其他一些因素。

　　我原本计划的归义军史研究是"三部曲",第一步先弄清归义军的政治史和对外关系史,这也就是1993年底基本告一段落而在1996年11月出版的《归义军史研究——唐宋时代敦煌历史考索》一书。这是一本非常专门的书,虽然我力图把它放在整个唐宋史和中古西北史的脉络中去阐述,但大多数人仍然只是把它当作一本敦煌学的专著。第二步是归义军的"志书",藉助传统史学的思路,打算考订编写归义军的职官志、兵志、艺文志、寺观志等等,曾撰《唐五代归义军武

敦煌學叢刊

歸義軍史研究
——唐宋時代敦煌歷史考索

榮新江 著

上海古籍出版社

榮新江著《歸义军史研究——唐宋时代敦煌历史考索》（新一版）

职军将考》，就属于这个思路下的产物，但后来觉得敦煌学的发展日新月异，研究者层出不穷，且有些方面已经有很好的成果，所以决定放弃。第三步是归义军的"编年史"，打算在学界相关研究的基础上，把归义军乃至公元9世纪中叶到11世纪中叶整个西北地区的历史写成一部编年体的史书，又仿《资治通鉴》的做法，对于系年史事做出"考异"，并给出经过校录的相关史料。这个想法后来在香港和饶宗颐教授谈起，因此列入他主编的"补资治通鉴史料长编稿系列"，由于自己不能全力以赴，所以邀约余欣君一起编撰，目前仍在进行当中。

在我写这本《归义军史研究》的时候，敦煌写本资料尚未全面公布，虽然可以通过缩微胶卷或《敦煌宝藏》看到英、法、中三大馆藏的文书，但胶片和照片的质量较差，而且也不完整。由于我在1984-1985、1990-1991年两度有机会周游欧洲、日本，所以抄录了一些对于我的研究最为重要的材料。90年代以后，在中国学者和出版界的共同努力下，大多数海外所藏的敦煌文书都以大型图录的形式出版。今天我们几近可以看到全部敦煌文书了，反观拙著《归义军史研究》的取材，基本上没有大的遗漏。新的材料对于归义军政治史来说，贡献不大，此后的相关研究在某些问题上有些进步，但也有不少属于猜测。因此，考虑再三，我决定这次再版，除了个别错字以及繁体字的异写稍作统一之外,不做任何改动,这也是因为拙著已经定型,后来的研究者不论是补充还是商榷,都是对应于拙著的原貌而进行的,为了遵从学术规范,我觉得还是不做任何改订为好。至于是否同意后来的补充和商榷意见,那将在我和余欣的归义军编年史中一一做出回应。

感谢上海古籍出版社领导将拙著列入"中华学术丛书",为此我感到十分荣幸。本书原是铅字排版,这次换成电脑制作,还是增加了很多麻烦,感谢姚崇新、雷闻、王静、游自勇、朱丽双、裴成国、文欣几位年轻人帮我校订电子文本;也感谢本书的责任编辑蒋维崧先生再次帮我董理旧文,让拙著焕发青春。

(2013年8月14日完稿。本书2015年3月由上海古籍出版社再版。)

《丝绸之路与东西文化交流》后记

　　本书是我有关于中外关系史的第三本书,前面两本是2001年出版的《中古中国与外来文明》和2014年出版的《中古中国与粟特文明》,内容比较偏重于伊朗文明、特别是粟特文明对中国的影响。由于多年来在中外关系史领域里从事研究和教学,所以也陆续写了一些其他方面的文章,内容很杂,从阿拉伯、波斯、印度,到新罗、日本,与中国的关系史都略有涉及,而经过西域地区的陆上文化交往,更是我考察的重点。因此,本书以"丝绸之路与东西文化交流"为名,大体可以囊括涉猎的范围。

　　中外关系史由于受到材料的限制,本身就是很不系统的一门学问,因此在这一领域耕耘,有一分材料说一分话。在前人研究的基础上,我更多地关注新出土的文书、墓志、考古材料,大多数文章都是属于个案研究。为了给读者一个较为宏观的认识,这次结集时

丝绸之路与
东西文化交流

The Silk Road and Cultural Interaction
between East and West

荣新江　著

北京大学出版社
PEKING UNIVERSITY PRESS

荣新江著《丝绸之路与东西文化交流》

特别撰写了一篇通论性的前言,来谈谈我对丝绸之路与东西文化交流的看法。

应当提示读者的是,本书所收各篇,既有学术论文,也有讲演稿,有些是应展览图录要求而写的文字,也有个别给通俗刊物写的文章。因此写作风格不一,注释体例也不相同,按照学术规范,基本不做内容的改动。请读者留意每篇后的附记,了解原文出处。

我平日发表文章不讲究刊物,所以大多数不在容易查找的定期期刊上,有的还是以外文发表在日本,这次结集,也是为了便于查找,并希望方家不吝指教。

在编辑本书过程中,我的学生李丹婕、田卫卫、罗帅、刘子凡、郑燕燕、沈琛、包晓悦、李昀帮忙核对材料并校对校样,在中心访学的中国丝绸博物馆的徐文跃先生也自告奋勇帮忙看了部分校样,陆扬兄帮我改订了英文目录,史睿也核对了一篇重排的文本,这里一总表示感谢。

记得有一年的教师节,学生送我一个贺卡,上面手绘着一幅丝绸之路地图,每个重要的地名旁边,写着一个学生的名字,这是这位学生重点研究或比较关注的地方。这个创意给我留下深刻的印象,也让我更加关注丝绸之路的历史,关注丝路城镇的文化。丝绸之路与东西文化交流史的内涵极其丰富多彩,我愿意和自己的学生们一起,继续探索其中的奥秘⋯⋯

（2015年7月23日完稿。本书2015年8月由北京
大学出版社出版。）

跋

不记得是哪一年,在朗润园十公寓邓府,听恭三先生讲陈寅恪掌故,说到寅恪先生给陈援庵写过三篇书序,而论年龄,援庵先生较寅恪先生年长十岁,但援庵的重要著作,都请寅恪写序,寅恪先生来者不拒,每篇都写,可谓当仁不让。这些序中,对我影响最大的,莫过于《陈垣敦煌劫余录序》一篇。这篇序写于1930年,寅恪先生时年四十岁,他高屋建瓴,从一时代之学术谈起,指出新时代的学术需要新材料和新问题,然后说到敦煌学,说到陈援庵及其所编敦煌目录,并提示北图所藏敦煌写本的重要价值,最后期望敦煌学的发展,"内可以不负此历劫仅存之国宝,外有以襄进世界之学术于将来"。整篇文章,逻辑一环套一环,文字不多,但内涵丰富,既无虚言,又有思想。我对此文百读不厌,还做过长篇笺注,阐发其文字背后的深层含义。

受寅恪先生的影响，我四十岁出头，也当仁不让，开始给友朋及学生的著作写序，希望借助书序这种形式，按照不同书的内涵，阐述自己对一些学科门类的回顾和总结，并做一点前瞻和期望。每篇序言的文字，我严格限定在两页纸的范围内（虽然未尽如意），希望在很短的篇幅里，就自己稍稍熟悉的敦煌吐鲁番研究、隋唐史、中外关系史、西域史等方面，从本学科的发展历程着眼，从学理上分析该学科的发展方向。这中间，还必须交代作者的贡献，以及源于友情和学谊，由我作序的缘由。完成著作而征序于我的，主要是一些跟随我治学的年轻学者，有些是我的学生。这些序言，也多少展示了一个小小的学术圈子营造出的一些学术氛围。

去年秋，挚友徐俊兄鼓动我编一本"序跋集"，正中下怀。于是我又当仁不让，很快就动手编辑起来。集分上下编。上编收我给别人写的序或我所编书前言、后记；下编收自己著述的序跋，以便记录自己治学的历程和不同时期对某项课题研究的思考。上下两编，主要内容是对学术理路的追求以及和作者之间的友谊，故此书名题作"学理与学谊"，而以"序跋集"为副题。

感谢各位作者不弃，让我在其大著前乱发议论。感谢徐俊兄提议并亲自责编此书，浪费他许多宝贵时间。感谢中华书局，让我在纯学术著作之外，有一本奉献给大家的轻松读物。

荣新江

2018年校庆前二日